Low Performer und schwierige Mitarbeiter erfolgreich führen

Markus Dobler • Pascal Croset

Low Performer und schwierige Mitarbeiter erfolgreich führen

Die 5 Faktoren einer effektiven Führungskommunikation mit dem KLARA-Prinzip

2., vollständig überarbeitete und erweiterte Auflage

Springer Gabler

Markus Dobler
Leipzig, Deutschland

Pascal Croset
Berlin, Deutschland

ISBN 978-3-658-28862-4   ISBN 978-3-658-28863-1 (eBook)
https://doi.org/10.1007/978-3-658-28863-1

Die Deutsche Nationalbibliothek verzeichnet diese Publikation in der Deutschen Nationalbibliografie; detaillierte bibliografische Daten sind im Internet über http://dnb.d-nb.de abrufbar.

Die erste Auflage dieses Werkes erschien 2013 unter dem Titel „Führung auf dem Prüfstand: Über den Umgang mit schwierigen Mitarbeitern und Low Performern" im KaDo Verlag.

Springer Gabler
© Springer Fachmedien Wiesbaden GmbH, ein Teil von Springer Nature 2013, 2020

Springer Gabler ist ein Imprint der eingetragenen Gesellschaft Springer Fachmedien Wiesbaden GmbH und ist ein Teil von Springer Nature.
Die Anschrift der Gesellschaft ist: Abraham-Lincoln-Str. 46, 65189 Wiesbaden, Germany

Über das Buch

Es gibt ein Dauerthema in den deutschen Führungsetagen. Es sind die sogenannten Low Performer, also Schlechtleister, und jene Mitarbeiter, die als schwierig gelten – wobei jede Führungskraft jeweils etwas Anderes darunter versteht.

Wie selbstverständlich wird dabei davon ausgegangen, dass die Ursachen für Low Performing und „schwierige Fälle" ausschließlich bei den jeweiligen Mitarbeitern zu suchen sind. Und tatsächlich existieren in vielen Unternehmen auch Mitarbeiter, die mit ihrem Verhalten oder durch ihre fachlichen Defizite die Leistung im Team und damit auch fast zwangsläufig das ökonomische Ergebnis des Betriebes gefährden.

Führen ist anspruchsvoll. Und Führen präsentiert sich vor allem dann in all seiner Komplexität, wenn die Führungskraft auf Mitarbeiter trifft, die nicht das umsetzen, was von ihnen verlangt wird.

Low Performing und schwierige Mitarbeiter sind daher in erster Linie Führungsthemen.

2012 erschien das erste Buch zu diesem Thema aus arbeitspsychologischer und arbeitsrechtlicher Sicht von Markus Dobler und Pascal Croset unter dem Titel „Führung auf dem Prüfstand – Über den Umgang mit schwierigen Mitarbeitern und Low Performern." (Croset und Dobler 2012)

Seitdem haben beide Autoren hunderte von Fällen alleine und gemeinsam bearbeitet und ihre Auftraggeber sowie betroffene Führungskräfte und Mitarbeiter in der Lösungsfindung erfolgreich unterstützt.

Jahrelange Erfahrung im Umgang mit Führungskräften und Mitarbeitern, 3500 Stunden in der Führungskräftediagnostik und 8000 Stunden Coaching mit Führungskräften förderten fünf immer wiederkehrende Problem- bzw. Themenfelder in der Führung zu Tage. Daraus entwickelte Markus Dobler im Jahr 2009 das KLARA-Konzept, das seine Wirksamkeit in einer stetig wachsenden Anzahl von Unternehmen im Bereich der Führungskräfte Tag für Tag unter Beweis stellt.

KLARA steht dabei für

Klarheit

Lösungsorientierung

Achtsamkeit

Respekt

Anpassungs-Konsequenz

Diese fünf Faktoren der Führungskommunikation entscheiden im Führungsalltag auch bei nicht-schwierigen Mitarbeitern und bei High Performern letztlich über Erfolg oder Misserfolg, erst recht jedoch, wenn es eine Führungskraft plötzlich mit sogenannten schwierigen Mitarbeitern oder Low Performern zu tun hat.

Dr. Markus Dobler erörtert in diesem Buch, woran man Low Performer oder schwierige Mitarbeiter erkennt, geht den Ursachen für Low Performing und der Wahrnehmung der „schwierigen" Fälle aus arbeitspsychologischer Sicht auf den Grund, und zeigt mit Hilfe des KLARA-Prinzips praxisorientierte Lösungsansätze auf.

Pascal Croset ist einer der führenden Arbeitsrechtsexperten und klärt für solche Fälle die arbeitsrechtliche Lage und zeigt auf, wie man aus arbeitsrechtlicher Sicht als Führungskraft agieren bzw. reagieren kann und sollte.

Markus Dobler
Pascal Croset

Geleitwort von Prof. Dr. Claudia Rahnfeld

Schwierige Mitarbeiter und Low Performer, zwei unschöne Begriffe, die allzu schnell assoziieren, dass Menschen als schlecht und schwierig kategorisiert werden und vor allem selbst ursächlich sind für ihren Ruf und ihr Standing. Doch Menschen sind komplexe, soziale Wesen, in einem ebenso komplexen, sozialen Gefüge. Kaum etwas in einem sozialen Umfeld ist monokausal zu erklären und schon gar nicht das Thema „Low Performing" und „schwierige Mitarbeiter".

Dr. Markus Dobler und Pascal Croset gelingt es in diesem Buch, dem Leser einen Überblick über dieses komplexe Konglomerat aus verschiedenen Ursachen zu geben, und führen den Leser zu der Erkenntnis, dass nicht etwa die Mitarbeiter allein für diesen Zustand verantwortlich sind, sondern vielmehr auch deren Umfeld.

Dieses Buch führt den Leser mit einer bestechenden Logik durch das Thema „Führung" und erklärt sehr schlüssig, weshalb das KLARA-Prinzip so relevant ist für die Führung und insbesondere für die Thematik „schwierige Mitarbeiter" und „Low Performing".

Das Buch belässt es nicht nur bei den Ursachen, sondern liefert auch Lösungsansätze, ohne diese als Erfolgsgarantie und leicht handhabbares Werkzeug anzupreisen. Die Lösungsansätze sind sehr praxisnah.

Dieses Werk ist weder ein rein wissenschaftliches Buch noch ein Ratgeberbuch. Es ist gewissermaßen ein fundiertes Buch aus der Praxis für die Praxis, was jedoch auch den wissenschaftlichen Ansprüchen genügt, geschrieben von zwei ausgewiesenen Experten ihres Fachs.

Dieses Werk hilft Führungskräften, die von der Thematik betroffen sind, sich mit diesem Thema leichter zurecht zu finden. Es ist wirklich lesenswert.

Prof. Dr. Claudia Rahnfeld

Zum Thema weibliche Form der deutschen Sprache

Wir möchten noch einen Hinweis zu der männlichen und weiblichen Form der Personensubstantive und -pronomina in diesem Buch geben. Die deutsche Rechtschreibung bietet für dieses Problem keine befriedigende Lösung. Ein Text, bei dem der/die Mitarbeiter/innen als Bewerber/innen bzw. als Kaufmann/-frau vorkommen, ist sehr mühsam zu lesen. Daher haben wir uns aufgrund der besseren Lesbarkeit für jeweils eine Geschlechterform entschieden.

Wir tun dies aus der Überzeugung heraus, dass bei Bezeichnungen wie „Mitarbeiter" oder „Führungskraft" nicht in erster Linie eine Frau oder ein Mann gemeint ist, sondern ein Mensch.

Danksagung

Wir möchten uns an dieser Stelle auch bei jenen bedanken, die im Hintergrund dafür gesorgt haben, dass dieses Buch in der hier vorliegenden Form erscheinen konnte.

Zunächst möchten wir uns bei Dr. Daniel Grabić bedanken, der durch seinen analytischen Blick stets den Überblick behalten hat und dafür gesorgt hat, dass vor allem das Bildmaterial schlüssig wurde. Lydia Dobler, die maßgeblich an der Entwicklung des KLARA-Prinzips beteiligt gewesen ist. Simone Wischgoll, die die durchaus schwierige Koordination zwischen den Experten logistisch stets gemeistert hat sowie Nico Schmidt, der die technischen Voraussetzungen geschaffen und einen Teil der Grafiken erstellt hat. Bedanken möchten wir uns auch bei Dr. Jürgen Hoffmann, Beverly Jahn, Aileen Jedro und Katarina Jacob, die das KLARA-Prinzip jeden Tag bei ihren Coachings und Trainings mit Führungskräften in der Praxis anwenden und durch ihre Expertisen über die Jahre stets wertvolle Impulse zur Weiterentwicklung gegeben haben.

Zu guter Letzt möchten wir auch Prof. Dr. Claudia Rahnfeld danken, die durch ihre Bereitschaft zur Diskussion aller Inhalte mittels einer ansehnlichen Menge kritisch-konstruktiver Fragen und Anmerkungen viele wertvolle Impulse gegeben hat, die zur Vollendung dieses Buches maßgeblich beigetragen haben.

Inhaltsverzeichnis

Über die Autoren

Rechtsanwalt Pascal Croset ist Fachanwalt für Arbeitsrecht. Er ist Inhaber einer ausschließlich auf Arbeitsrecht spezialisierten Kanzlei mit über 6 Rechtsanwälten. Seine Kanzlei berät und vertritt deutschlandweit Arbeitgeber, Arbeitnehmer und Führungskräfte hinsichtlich aller arbeitsrechtlichen Fragestellungen.

Dabei ist es ihm ein Anliegen, stets beide Seiten zu vertreten. Denn nur wer Arbeitgeber und Arbeitnehmer gleichermaßen vertritt, weiß stets wie die andere Seite denkt, fühlt und rechnet.

Dr. Markus Dobler ist eidgenössischer Dipl.-Landwirt, Diplom Kaufmann und promovierter Arbeitspsychologe. Er verfügt über 20 Jahre Erfahrung im operativen und strategischen Top-Mangement, ist 12 Jahren als Inhaber von Dr. Dobler-Optimierung und als Autor tätig. Sein Unternehmen ist für über 150 Kunden in 75 verschiedenen Branchen unterwegs.

Dr. Markus Dobler ist Spezialist für strategisches, instruktives Coaching und Profiling. Er verfügt über 8000 Stunden Coachingerfahrung und verbrachte über 3500 Stunden in der Diagnostik.

1

Begriffe und Grundsätzliches

1.1 Die Begriffe Management und Führung

Der Begriff „Manager" wird je nach Land unterschiedlich genutzt. Hier in Deutschland wird der Manager einerseits mit Führung und Unternehmensleitung in Verbindung gebracht, andererseits aber auch im Zusammenhang bei Mitarbeitern genannt, die zwar ein Sachgebiet verantworten, jedoch keine Personalverantwortung haben. Dies kann man an Begriffen wie z. B. Risk Manager, Accountmanager oder Facilitymanager erkennen.

Wörter wie „managen" oder „Management" können demnach recht heterogen eingesetzt werden.

Orientiert man sich an der Definition des Dudens, soll das englische Verb so viel bedeuten wie leiten, bewerkstelligen oder handhaben. Etymologisch ist die Herkunft des Wortes Management nicht eindeutig geklärt. Der Ursprung soll in der lateinischen Sprache zu finden sein, und in neuerer Zeit wurde dieser Begriff in Italien im Zusammenhang mit der Pferdedressur in der Manege verwendet (ital. = *maneggiare*) (Staehle et al. 2014).

© Springer Fachmedien Wiesbaden GmbH, ein Teil von Springer Nature 2020
M. Dobler, P. Croset, *Low Performer und schwierige Mitarbeiter erfolgreich führen*,
https://doi.org/10.1007/978-3-658-28863-1_1

Unabhängig davon, ob das „managen" im Zusammenhang mit der Unternehmensleitung oder eher in Bezug auf einen Sachbearbeiter genutzt wird, geht es beim „Handhaben" bzw. „Bewerkstelligen" stets darum, vorhandene Ist-Zustände an entsprechende Soll-Zustände anzupassen.

Die Differenz zwischen einem Soll- bzw. einem vorher definierten Wunsch-Zustand sowie dem wahrgenommen Ist-Zustand wird gemeinhin als „Problem" bezeichnet (vgl. auch Sell 1989)

Manager müssen demnach Probleme lösen. Um ein Problem zu lösen, muss das vorhandene Delta zwischen Wunsch und Wirklichkeit erkannt und mit Hilfe von Lösungen zur Übereinstimmung gebracht werden (siehe Abb. 1.1). Es handelt sich dabei faktisch um einen sog. kybernetischen Regelkreis (vgl. auch Foerster 1973/1985)

Die Lösung kann darin liegen, das SOLL, den Wunsch oder (vor allem im Arbeitskontext) den Anspruch zu senken, und sich so dem IST anzunähern. Die Alternative besteht darin, den Ist-Zustand in Richtung Soll-Zustand zu verändern.

Manager sind demnach „Lösungslieferanten": Jede Lösung dient dazu, ein Ziel (Soll-Zustand/Wunsch-Zustand) zu erreichen, und um ein Ziel zu erreichen, bedarf es ziellogischer Entscheidungen.

Wir verwenden den Begriff „Manager" in diesem Buch als Synonym für Unternehmensführung, also für Mitarbeiter, die an der Spitze des

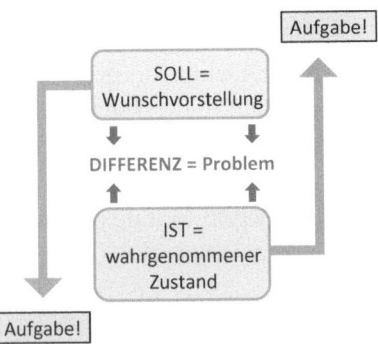

Abb. 1.1 Definition von „Problem" als Differenz von IST- und SOLL-Zustand.

Unternehmens ziellogische Entscheidungen fällen, damit das Unternehmen die gesteckten Ziele erreicht.

Um ziellogische Entscheidungen zu fällen, braucht ein Manager zunächst nicht zwingend Mitarbeiter. Erst wenn die betriebseigenen Ressourcen nicht mehr zur Umsetzung dieser ziellogischen Entscheidungen ausreichen, müssen zusätzliche Mitarbeiter eingestellt werden. Und sobald die Mitarbeiter dazu angehalten werden sollen, die vom Manager getroffenen ziellogischen Entscheidungen umzusetzen, befinden wir uns mitten im Thema „Führung".

Aus dieser Sicht bedeutet dies demnach, dass Manager zunächst Probleme zu lösen haben. Die Führung von Mitarbeitern kann bei einem Manager zum Anforderungsprofil gehören, zwingend ist es jedoch nicht.

„Führung" scheint auf den ersten Blick eindeutiger definiert zu sein, als der Begriff Management. Doch auch dieser Begriff wird unterschiedlich eingesetzt. Führung bezieht sich zunächst nicht zwingend auf Menschen. Führen kann sich auf eine Maschine beziehen oder auf mechanische Teile, die durch ihre Position andere Teile zwingen eine bestimmte Bahn zu nehmen. Und selbst wenn es um Führung von Menschen geht, bezieht sich der Kontext nicht zwingend auf Mitarbeiter in einem Unternehmen, schließlich kann auch beim Tanz „geführt" werden. Man kann z. B. auch in Museen in Richtung Ausgang „geführt" werden oder am Flughafen in Richtung der Passkontrolle.

Etymologisch geht der Begriff wohl auf *vüeren* bzw. *fuoren* zurück. Fuoren ist ein Kausativ zu fahren bzw. jemanden fahren zu lassen (Dudenredaktion o. J.).

Spricht man von Mitarbeiterführung, ist „Führung" demnach ein Sammelbegriff für alle sozial beeinflussten Interaktionsprozesse, die von Menschen zu Menschen stattfinden, so dass mit Hilfe der beeinflussten Menschen gemeinsame Aufgaben erfüllt werden (können) (vgl. Wegge und Rosenstiel 2004). Dabei unterscheiden Wegge und Rostenstil zwischen personalisierter Führung, also einer direkten Interaktion zwischen den Beteiligten, und einer entpersonalisierten Führung, in der ein System (Strukturen, Prozesse) die Mitarbeiter zu den entsprechend gewünschten Handlungen veranlasst (vgl. auch Türk 1995).

In diesem Buch verwenden wir den Begriff „Führung" jedoch stets im Zusammenhang mit einer personalisierten Mitarbeiterführung in einem

Unternehmen. Dabei gehen wir davon aus, dass eine Führungskraft nur dann führt, wenn dieser auch tatsächlich Mitarbeiter zur Verfügung stehen, die sie führen kann. Diese Feststellung mag ziemlich banal klingen, doch ist sie aufgrund der Erfahrungen, die wir in unserer langjährigen Praxis machen durften, keineswegs selbstverständlich. Es gibt immer wieder Unternehmen, die ihren Führungskräften klangvolle, aber völlig irreführende Titel auf die Visitenkarten und die Türschilder drucken lassen.

So hat in einem Fall ein „Hauptabteilungsleiter" einen „Abteilungsleiter" geführt. Dieser Abteilungsleiter wiederum hatte dann nur leider kein weiteres Personal unter sich, er war allein. Das ganze Abteilungsleiter-Konglomerat bestand demnach aus ganzen zwei Mitarbeitern. Der Hauptabteilungsleiter mag gerade noch als Führungskraft durchgehen, denn er führt ja immerhin den Abteilungsleiter. Wenn aber der Abteilungsleiter selbst kein Personal hat, ist dieser definitiv keine Führungskraft, selbst wenn seine Visitenkarte gegenteiliges zu behaupten wagt.

Mitarbeiterführung kann demnach wie folgt definiert werden:

> Führen bedeutet, Menschen dazu zu bringen, ziellogische Entscheidungen umzusetzen.

1.2 Die Unterscheidung zwischen einer Strukturstelle und einer Ergebnisstelle

Je mehr in einer Organisationseinheit prozessual geregelt ist, desto geringer ist der Führungsbedarf.

Wir definieren dies in unserer Praxis als „Strukturstelle". Bei einer Strukturstelle geht man davon aus, dass der individuelle Entscheidungsspielraum der einzelnen Mitarbeiter sehr begrenzt ist, weil eben nahezu alles geregelt ist. In einer Strukturstelle geht es nach Dobler (2016) darum, möglichst den vorgeschriebenen Weg einzuhalten. Als „Abfallprodukt" erhält man das gewünschte Ergebnis. In einer Abteilung, in der 25 Mitarbeiter jeden Tag Lohnabrechnungen erstellen und nahezu jeder Fall mit Hilfe von Vorschriften geregelt ist, kommt die Führungskraft lediglich bei Ausnahmefällen zum Einsatz. Man nennt dies auch „Management by Exception" (vgl. Dekker und Woods 1999; Fuchs-Wegner 1987). Urvater dieses Prinzips ist der Ingenieur F. W. Taylor (1865–1915). Er untersuchte und optimierte die einzelnen Arbeitsschritte aller Arbeitsabläufe. Danach erließ er entsprechende Vorschriften, wann und wie genau die einzelnen Bewegungsabläufe durchzuführen seien.

In einer „Ergebnisstelle" hingegen ist deutlich weniger geregelt und der jeweilige Weg nicht vorgegeben, wohl aber das entsprechende Ziel. Inhaber einer Ergebnisstelle müssen sich also ihren Weg selbst suchen, um die geforderte Zielstellung zu erreichen (Dobler 2016). Ergebnisorientiertes Führen wird auch „Management by Objectives" genannt (Jeuschede 2013) (vgl. auch Malik 2001). Die Führungskraft tritt bei dieser Art der Stelle nicht nur im Ausnahmefall in Erscheinung. Sie muss vielmehr ständig anfallende Entscheidungen individuell und situativ treffen, und zwar solange, bis sie diese Entscheidungskompetenz an einen oder mehrere Mitarbeiter delegiert hat.

Je weniger also in einer Organisationseinheit geregelt ist, desto mehr Führung wird benötigt.

In jenen Organisationseinheiten, in denen erfahrungsgemäß wenig geregelt ist, benötigt es auch Mitarbeiter, die auch mit möglichst wenig Regeln zurechtkommen, und die es dennoch schaffen, die geforderten Ergebnisse zu liefern.

Abb. 1.2 zeigt den Zusammenhang zwischen Führungsnotwendigkeit und Prozessstärke noch einmal auf.

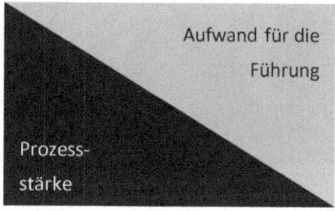

Abb. 1.2 Zusammenhang zwischen Führungsnotwendigkeit und Prozessstärke.

1.3   Wozu Führungskräfte Mitarbeiter einstellen

Unternehmen in einem marktwirtschaftlichen Umfeld sind gezwungen, Renditen zu erwirtschaften. Irgendwann ist ein Gründer nicht mehr in der Lage, alles allein zu bewältigen, was an Arbeit anfällt. Das ist der Moment, in dem er Mitarbeiter anheuert, in der berechtigten Hoffnung, dass diese auch mitarbeiten und nicht gegenarbeiten.

Mitarbeiter sollen also Arbeit, die anfällt, so ausführen, dass die Führungskraft, die die Arbeit an die Mitarbeiter delegiert, sie nicht selbst tun muss (Abb. 1.3).

Verfolgt man diese Logik konsequent weiter, kann man auch folgendes konstatieren:

Die Führungskraft, die die zu erledigende Arbeit am Ende durch Nacharbeiten oder neu machen selbst erledigen muss, obwohl sie die Arbeit ja explizit deshalb delegiert hat, damit sie es eben nicht selbst machen muss, braucht ihre Mitarbeiter nicht (Dobler 2019).

Abb. 1.3   Delegation von Arbeit. © Dobler 2019. All Rights Reserved

1.4 Eine besondere Spezies unter den Mitarbeitern: Die Führungskraft

Nach der Klärung, weshalb Mitarbeiter eingestellt werden, stellt sich die Frage, wozu ein Unternehmen Führungskräfte überhaupt benötigt. Was ist eigentlich deren Job?

Fragt man Führungskräfte nach ihrem Job, fangen diese meist nahezu mechanisch an, jene Aufgaben und Arbeiten aufzuzählen, die sie tagsüber so erledigen bzw. versuchen zu erledigen. Doch das Abarbeiten der anfallenden Aufgaben ist nicht die Antwort auf die Frage nach dem WOZU, es ist die Antwort auf die Frage nach dem WAS. Was die Führungskräfte den ganzen Tag so machen, können diese meist sehr genau aufzählen. Wenn es um die Frage nach dem WOZU geht, wird es meist still. Das liegt u. a. auch daran, dass viele Führungskräfte selbst gar nicht (mehr) wissen, wozu sie Arbeiten erledigen. Vielmehr lässt sich im Alltag beobachten, dass sie eher eine Art Routineprogramm absolvieren, ohne zu hinterfragen, was nach dem Erledigen anders sein soll, als vorher. Viele Führungskräfte sind gewissermaßen Sklaven ihrer Gewohnheiten geworden, deren Routine nur durch die ständigen und in der Regel dringenden Anliegen anderer unterbrochen wird.

Darüber hinaus sind viele Führungskräfte eher Teammitglieder mit Zusatzaufgaben, als dass sie als Führungskraft wirklich führen und den Alltag mit ihren Mitarbeitern gestalten.

Doch wozu benötigt das Unternehmen Führungskräfte?

Das „wozu" liegt in der Hoffnung, dass Führungskräfte jene Führungsaufgaben übernehmen, die notwendig sind, um Mitarbeiter dazu zu bringen, ziellogische Entscheidungen umzusetzen. Denn auch wenn man Mitarbeiter einstellt, die an sich weitestgehend selbstständig ihr Aufgabengebiet beherrschen, müssen diese dennoch wissen, was sie bis wann erledigen bzw. erreichen sollen.

Führungskräfte müssen also für ihr jeweiliges Verantwortungsgebiet Ziele erreichen, die gebündelt am Ende – soweit die Theorie – zur Erreichung des Gesamtziels des Unternehmens führen.

Das Management überträgt gewissermaßen die Verantwortungsgebiete an die Führungskräfte und diese die daraus resultierenden Aufgaben an die Mitarbeiter (Mellerowicz 1963; vgl. auch Malik 2001).

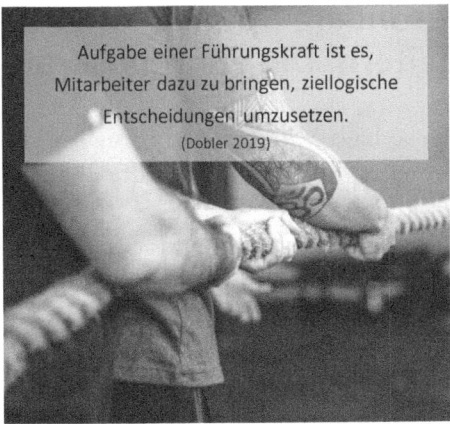

Aufgabe einer Führungskraft ist es,
Mitarbeiter dazu zu bringen, ziellogische
Entscheidungen umzusetzen.
(Dobler 2019)

Abb. 1.4 Ziele können unter guter Führung und Koordination viel besser erreicht werden. © Dobler 2019. All Rights Reserved

Insofern gibt es keine guten oder schlechten Führungskräfte, sondern lediglich erfolgreiche oder eben nicht erfolgreiche Führungskräfte. Erfolgreiche Führungskräfte sind jene, denen es gelungen ist, die ihnen unterstellten Mitarbeiter dazu zu bringen, die Aufgaben ziellogisch umzusetzen. Siehe dazu auch Abb. 1.4.

Wenn im Unternehmen irgendetwas schiefläuft, hat dies also, überspitzt formuliert, zwei Ursachen:

- Mitarbeiter haben die folgerichtigen und ziellogischen Entscheidungen nicht oder falsch umgesetzt oder
- Sie haben eine „dumme", nicht ziellogische Entscheidung einmal richtig gut und ggf. auch schnell umgesetzt (Dobler 2012).

1.5   Was unterscheidet die Führungskraft vom Vorgesetzten?

Eine klassische Führungskraft muss in erster Linie Wertschöpfung erreichen und Unternehmensziele erfüllen. Dafür darf und muss sie auf die wichtigste Ressource des Unternehmens zurückgreifen: die Mitarbeiter.

Ebenso wie die Führungskraft benötigt auch jeder einzelne Mitarbeiter Voraussetzungen, um Leistung zu erbringen. Betrachtet man diese Leistungsvoraussetzungen genauer, offenbart sich schnell das immense Aufgabenspektrum einer Führungskraft.

Damit jeder Mitarbeiter auch jene Leistung erbringen kann, für die er bezahlt wird, muss die Führungskraft alle Voraussetzungen für seine adäquate Leistungsabgabe überwachen und dafür sorgen, dass jede dieser Voraussetzungen erfüllt wird. Wenn das Unternehmen dann seinen Anteil zur Leistungsformel beisteuert, ist es an der Zeit, den Fokus auf die Bringschuld der Mitarbeiter zu richten. Dies setzt jedoch ein gewisses Maß an Aufmerksamkeit für die Mitarbeiter voraus. Aufmerksamkeit zur Verfügung zu stellen fordert Energie und Zeit. Beides scheint bei den meisten Führungskräften Mangelware zu sein.

„Es gibt schließlich Wichtigeres zu tun, als sich permanent mit seinen Mitarbeitern zu beschäftigen", ist die Antwort vieler Vorgesetzter im Führungskräfte-Coaching. Doch es sind gerade die Mitarbeiter, die den Erfolg eines Unternehmens maßgeblich beeinflussen. Daher sind Mitarbeiter sowohl das „Mittel" zum Erfolg, als auch der „Mittelpunkt" des Unternehmens.

In diesem Zusammenhang offenbart sich die Kausalität zwischen der Erwartung an die Führungskräfte, kompetent zu führen, und deren vielfachem Versagen.

Folgende Aspekte sind zu berücksichtigen:

1. Eine erfolgreiche Führungskraft bündelt und koordiniert Einzelleistungen und erreicht dadurch mit ihren Mitarbeitern vorgegebene Ziele. So soll und wird im Idealfall jeder Mitarbeiter, den das Unternehmen eingekauft hat, die maximale Leistung erbringen. Das erfordert Achtsamkeit. Achtsamkeit erfordert Zeit. Zeit erfordert Methodik. Methodik ist die Achillesferse in der Leistungsformel einer jeden Führungskraft.
2. Einer erfolgreichen Führungskraft folgen Mitarbeiter, ohne getrieben zu werden.

Beide Aspekte kann eine Führungskraft berücksichtigen, indem sie die Mitarbeiter fördert und von ihnen im Gegenzug jene Leistung fordert, für die sie auch bezahlt werden. Fördern und Fordern – zwei Worte, die in nahezu jedem Führungsleitbild zu finden sind und doch erschreckend wenig gelebt werden.

Fazit

Eine wirksame und damit erfolgreiche Führungskraft führt Mitarbeiter wirklich – im Gegensatz zu einem Vorgesetzten, der den Mitarbeitern eben nur vorgesetzt wird. Im letzteren Fall spürt mancher Vorgesetzte nicht selten ein „Verfolgen", statt ein Folgen.

1.6 Wozu benötigen Mitarbeiter eine Führungskraft?

Geklärt wurde nun, weshalb ein Unternehmen Führungskräfte benötigt. Geklärt wurde auch, weshalb Führungskräfte Mitarbeiter einstellen. Doch wozu benötigen Mitarbeiter eigentlich Führungskräfte? Befragt man Mitarbeiter, kriegt man immer wieder zu hören, dass der oder die Vorgesetzte meist mehr stört als er bzw. sie Nutzen bringt.

Wenn die Führungskraft also in Wahrheit eher ein Störfaktor für Mitarbeiter ist, welchen Nutzen kann dann eine Führungskraft überhaupt haben?

Diese Frage lässt sich nicht pauschal beantworten und hängt davon ab, welche Art von Mitarbeiter wir vor uns haben. Es gibt Mitarbeiter, die schlicht kaum Führung benötigen. Andere hingegen brauchen eine sehr intensive und enge Führung.

Relevant ist jedoch die Erwartungshaltung der jeweiligen Mitarbeiter an ihre Führungskraft. Mitarbeiter die von ihrer Führungskraft erwarten, dass sie auch die Probleme der Mitarbeiter löst, benötigen die Führungskraft also vor allem als eine Art „Dienstleister" für ihre Stelle. Die Führungskraft soll also dafür sorgen, dass beim Abarbeiten dessen, was die Stelle fordert, möglichst keine Probleme auftreten. Und sollten doch Probleme auftauchen, müssen diese von der Führungskraft eben behoben werden.

Mitarbeiter, die es gewohnt sind, ihre Probleme selbst zu lösen, benötigen die Führungskraft nach unserer Erfahrung vor allem zu Beginn einer Arbeit, um die genauen Ergebnisse abzuklären, die sie abliefern sollen oder für zwischendurch, um Entscheidungen zu fällen, die nicht mehr auf ihrer Ebene entschieden werden können.

Mitarbeiter, die sich eher unsicher fühlen, erwarten nach unserer Erfahrung von Ihrer Führungskraft, dass diese ihnen auch den „Weg" bzw. die Methode aufzeigt, mit der sie die Ergebnisse erzielen können.

Manche Mitarbeiter benötigen die Führungskraft vor allem für die Bestätigung ihrer Leistung oder als Sparringspartner, und manchmal einfach nur zum Plaudern.

Am Ende ist es nicht so relevant, wozu einzelne Mitarbeiter ihre jeweilige Führungskraft benötigt. Relevant ist, dass der Mitarbeiter in der Lage ist, die geforderte Leistung abzugeben. Die Führungskraft soll jedem Mitarbeiter am Ende das geben, was dieser auch benötigt, um die geforderte Leistung abzuliefern.

1.7 Die Voraussetzungen für Mitarbeiterleistung

Mitarbeiter sollen am Ende also die geforderte Leistung abliefern. Doch Leistung entsteht nach Dobler (2016) nicht einfach so im luftleeren Raum. Es bedarf gewisser Voraussetzungen, die gegeben sein müssen, damit ein Mitarbeiter überhaupt in die Lage versetzt wird, Leistung abzugeben.

So benötigt zum Beispiel ein Mitarbeiter ein Mindestmaß an Klarheit über seine Aufgabenstellung, und ebenso braucht er alle Informationen, die er für die Ausführung dieser Aufgabenstellung benötigt (den Informationsgrad). Er benötigt je nach Aufgabenstellung auch Arbeitsmittel und einen gewissen Gestaltungsspielraum, der über die Organisation definiert wird. Diese Voraussetzungen für die Leistung liegen in der Verantwortung des Unternehmens.

Zwei weitere Voraussetzungen für eine Leistungsabgabe sind allerdings beim Mitarbeiter selbst zu suchen. Es ist seine Leistungsbereitschaft (das

Wollen), welche sich unter anderem aus der „Triebmotivation" (intrinsische Motivation) und der „Reizmotivation" (extrinsische Motivation) zusammensetzt (vgl. Heckhausen und Heckhausen 2010; Barbuto und Scholl 1998).

Und es ist seine Leistungsfähigkeit (das Können). Wobei die Leistungsfähigkeit nicht nur aus seinem Fachwissen resultiert, sondern vor allem auch aus seiner Methodik. Denn ohne die passende Methodik wird ein Mitarbeiter schnell ineffektiv und ineffizient. Hinzu kommt, dass in der heutigen Zeit nahezu jeder Mitarbeiter seine Leistung mit anderen Leistungen bündeln muss. Die Verbindungsbrücke zwischen den Leistungserbringern ist die soziale Interaktion. Somit nimmt die Bedeutung der sozialen Kompetenzen, wie z. B. der Kommunikationsfähigkeiten, immer mehr zu.

Verfügt ein Mitarbeiter über das notwendige Können, aber nicht über die notwendigen Ressourcen (z. B. Arbeitsmittel), wird sich die Leistungsabgabe mathematisch gegen null bewegen.

Dies betrifft auch seine Leistungsbereitschaft (Motivation): Will ein Mitarbeiter partout nicht, obwohl er könnte, wird sich die Leistungsabgabe ebenfalls mathematisch bei null einpendeln.

Rosenstil (1995, 2010) hat daraus die berühmte Model-Formel Können x Wollen x Dürfen x situativer Kontext beschrieben. Wir haben diese Model-Formel entsprechend unserer Praxiserfahrung wie folgt ergänzt (vgl. Dobler 2016) (Abb. 1.5):

Führungskräfte müssen demnach dafür sorgen, dass jeder Mitarbeiter auch die nötigen Voraussetzungen erhält. Auch dafür benötigen Mitarbeiter die Führungskraft.

Es stellt sich nun die Frage, für welche der Leistungsfaktoren nun der einzelne Mitarbeiter verantwortlich ist, und für welche die Führungskraft?

Dabei entstehen immer wieder heftige Diskussionen bei befragten Führungskräften, ob die Verantwortung für „Wollen" und „Können" nicht doch komplett im Bereich des Arbeitgebers liege. Es ist sicher unbestritten, dass Führungskräfte beispielsweise einen erheblichen Einfluss auf die Motivation der Mitarbeiter haben. Dennoch ordnen wir die Verantwortung für das Wollen überwiegend den Mitarbeitern zu. Führungskräfte sind nicht für die Motivation der Mitarbeiter verantwortlich, son-

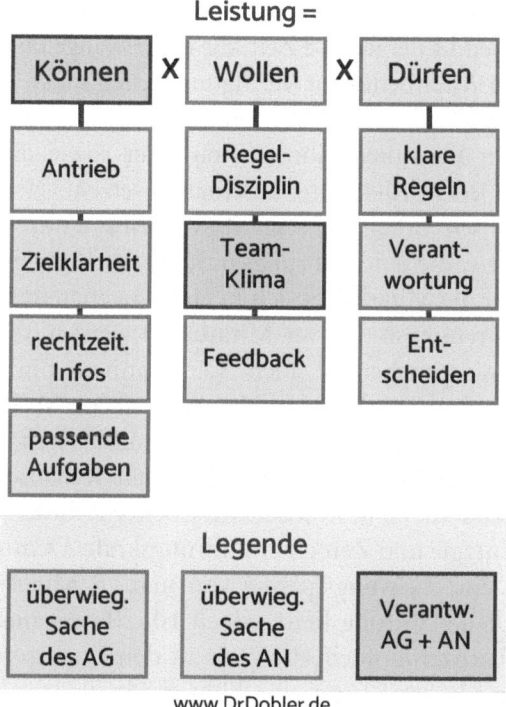

Abb. 1.5 Voraussetzungen zur Erzeugung von Einzelarbeitsleistungen in Unternehmen. © Dobler 2019. All Rights Reserved

dern für deren De-Motivation (Sprenger 2014; vgl. auch Dobler 2016). Wir gehen an anderer Stelle noch näher darauf ein.

Es gibt also Leistungsvoraussetzungen, die Führungskräfte und Mitarbeiter gemeinsam zu verantworten haben, und es gibt Faktoren, die ausschließlich die Führungsebenen verantworten. Letzteres ist offensichtlich der überwiegende Teil.

Wenn also der überwiegende Teil der Verantwortung für die Leistungsvoraussetzungen in der Führungsebene liegt, rehabilitiert diese Erkenntnis vermutlich auch so manchen Low Performer.

1.8   Die 10 %-Regel

Abhängig von der Art wieviel im Alltag geregelt ist, fordert jeder Mitarbeiter entsprechend Energie und Zeit, die die jeweilige Führungskraft für die Führung der Mitarbeiter zur Verfügung stellen muss.

Jede Führungskraft muss sich zwangsläufig mit dem Potenzial ihrer Mitarbeiter, den Ressourcen ihrer Mitarbeiter sowie einer möglichen Zielstellung für jeden Mitarbeiter auseinandersetzen. Dies erfordert Zeit und Energie. Unsere Erfahrung zeigt, dass es selbst dann mindestens 3 % der Zeit erfordert, die eine Führungskraft zur Verfügung hat, wenn der Mitarbeiter oder die Mitarbeiter sich in einer sogenannten Strukturstelle befinden. Je betreuungsintensiver Mitarbeiter werden, desto mehr Zeit und Energie beanspruchen sie auch. Dies kann in Einzelfällen bis zu 30 % der Zeit erfordern, die eine Führungskraft zur Verfügung hat, vor allem, wenn die Führungskraft bei Mitarbeitern deren Probleme und Fehlerquoten kompensiert. Ein gesundes, weil realistisches Maß liegt hingegen bei etwa 10 %, d. h. jeder Mitarbeiter erfordert durchschnittlich 10 % an Energie und Zeit einer Führungskraft. Demnach kann eine Führungskraft eine Leistungsspanne von max. 8 Mitarbeitern verantworten. Wenn eine Führungskraft jedoch 10, 20 oder mehr Mitarbeiter führen, und gleichzeitig noch 40–50 % in den Prozessen arbeiten soll, wieviel Zeit und Energie kann eine Führungskraft dann den Mitarbeitern zur Verfügung stellen? In solchen Fällen wird nur noch auf dem Papier geführt. Wo ist dann die viel gepriesene Wertschätzung für die Mitarbeiter, die Unternehmen immer wieder auf ihren Webseiten proklamieren? Das sind jene Fälle, bei denen ganze Teams vollkommen demotiviert werden.

1.9   Die vier Tätigkeitsfelder einer Führungskraft

Wir gehen also davon aus, dass eine Führungskraft die Mitarbeiter führt, weil es mehr Aufgaben gibt, als sie selbst bewältigen kann. Und damit sie die Aufgaben eben nicht selbst erledigen muss, kann die

Führungskraft ihre Zeit erfahrungsgemäß in vier Tätigkeitsfeldern einsetzen (Dobler 2016):

1. Die Führungskraft kann bei einzelnen Mitarbeitern die Leistungsvoraussetzung optimieren bzw. wiederherstellen. Sei es durch Feedback, Zielgespräche, Arbeitsmittel, Schulungen etc.
2. Sie kann ihre Zeit damit verbringen, die Einzelleistungen ihrer Mitarbeiter zu koordinieren.
3. Die Führungskraft kann ihre Zeit damit verbringen, **am** Unternehmen oder **an** den Prozessen zu arbeiten, indem sie innerbetrieblich Optimierungen bzw. notwendige Anpassungen vornehmen.
4. Sie kann ihre Zeit damit verbringen, selbst **in** den Prozessen mitzuarbeiten, also Tätigkeiten zu verrichten, die Mitarbeiter verrichten könnten oder sollten.

Erinnern wir uns hinsichtlich des letzten Punktes 4 aber daran, dass Führungskräfte Mitarbeiter haben, damit sie es ja gerade nicht selbst machen müssen.

Wenn Führungskräfte also weiterhin **in** den Prozessen mitarbeiten, stellt sich die Frage, **wozu** sie das tun. Die Antwort ist schnell gefunden. Jedes Mal, wenn eine Führungskraft in den Prozessen arbeitet, kompensiert sie etwas. Dabei gibt es drei Möglichkeiten:

1. Die Führungskraft kompensiert eine **Unterbesetzung**
   Fragt man in Seminaren Führungskräfte der unteren Ebenen, erhält man als Trainer fast stets diese Begründung: Es fehlen grundsätzlich Mitarbeiter, und deshalb muss auch die Führungskraft in den Prozessen mitarbeiten. Dies können sie jedoch nur, wenn sie auch die Fach- und Prozesskenntnisse haben. Das führt dazu, das die Unternehmensleitung sich anfänglich freut, weil sie zunächst einmal entweder die Führungskraft einspart oder einen notwendigen Mitarbeiter. Dieses Prinzip geht dann jedoch zu Lasten der Führung(skraft), die meist versucht, beides zu erfüllen, und am Ende energetisch und nervlich kollabiert, weil der Versuch zwangsläufig zum Scheitern verurteilt ist.

Dann ist es auch vorbei mit der Freude der Unternehmensleitung, denn der anfängliche Einspareffekt führt zur Vernichtung einer Ressource und nicht selten zur Vernichtung der Motivation betroffener Mitarbeiter, die ja dann seit längerem keinerlei Führung mehr erfahren haben.

2. Die Führungskraft kompensiert schlicht den **Unwillen** einzelner Mitarbeiter.

Von *„Ich kann das nicht"*, über *„Das habe ich noch nie gemacht"* oder *„Das steht so nicht in meiner Stellenbeschreibung"* bis hin zu *„Das geht gar nicht"* finden sich mannigfaltige Begründungen, eine Aufgabe nicht zu erledigen. Man gewinnt den Eindruck, dass einige Mitarbeiter das Motto beherrschen *„Fünf Minuten blöd gestellt schafft eine Menge Freizeit."* Diese Mentalität trifft dann nicht selten auf Führungskräfte, die mehr fördernd als fordernd unterwegs sind und sich dann „dankbar" der Thematik und Probleme jener Mitarbeiter widmen, um Aufgaben und Probleme für diese zu lösen. Sie tun das nicht selten, um ihre Existenzberechtigung als Führungskraft nachzuweisen, weil sie glauben, dass sie als Führungskraft die Probleme und Aufgaben der Mitarbeiter zu lösen haben. Schließlich seien sie ja deshalb Führungskraft geworden, weil sie genau das können. Auch diese Kompensation führt dazu, dass die Führungskraft am Ende ihren eigentlichen Job, nämlich Führen, nicht ausüben kann.

3. Die Führungskraft kompensiert **Unvermögen**, weil einzelne Mitarbeiter die ihnen anvertraute Aufgabe tatsächlich nicht erfüllen können. Solche Situationen entstehen vor allem, wenn Mitarbeiter falsch eingesetzt werden und man sprichwörtlich Pinguine zum Straußenrennen schickt.

Letztlich ist es jedoch unerheblich, was die Gründe für eine Kompensation sind. Zwei Effekte haben alle drei Ursachen gemeinsam:

A. Mitarbeiter können nicht oder nur bedingt ihren Zweck erfüllen, nämlich für Entlastung sorgen und

B. je intensiver die Führungskraft in den Prozessen mitarbeitet, desto weniger kann sie ihrer originären Führungsaufgabe nachkommen, nämlich Leistungsvoraussetzungen schaffen und Leistung koordinieren.

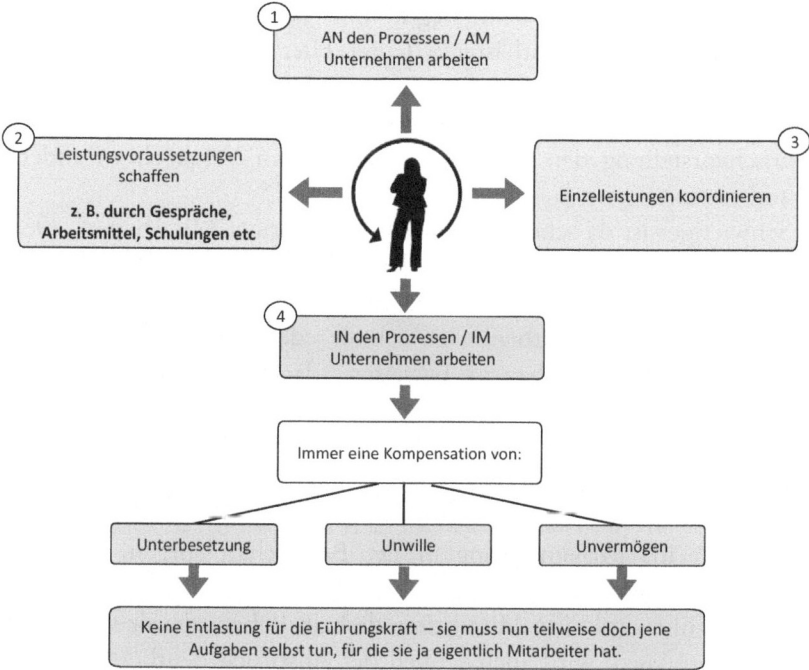

Beides führt zu massiven Leistungseinbußen und damit letztlich zur Vernichtung von Geld. Die Erkenntnisse werden in Abb. 1.6 noch einmal aufgezeigt

1.10 Wann sind Mitarbeiter „schwierig", und wann sogenannte „Schlechtleister"

In unseren Seminaren befragen wir stets die Führungskräfte danach, was ihrer Meinung nach ein „Schlechtleister", und im Unterschied dazu ein „schwieriger Mitarbeiter" sei. Nahezu jede Führungskraft scheint ihre ganz eigene Vorstellung davon zu haben und gibt diese dann auch bei Diskussionen großzügig preis. Trotz heterogener Versionen in den Köpfen und in den Antworten sind die Inhalte jedoch meist sehr ähnlich.

Am einfachsten ist es beim Begriff Low Performer, was übersetzt ja nichts anderes als Schlechtleister bedeutet. Hier existiert eine sehr homogene Sichtweise, die sich in erster Linie auf den Output von Mitarbeitern konzentriert, genauer gesagt, auf den fehlenden Output im Vergleich zur Wunschvorstellung der Führungskräfte oder im Vergleich zu anderen Mitarbeitern.

Schwieriger ist da schon der Begriff „schwieriger Mitarbeiter". Denn auch Mitarbeiter, die dazu neigen, kritische Fragen zu stellen, erhalten schnell den Stempel „schwierig". Als schwierig empfinden viele der Befragten ebenso jene Mitarbeiter, die sich für jede ihrer Handlungen rechtfertigen und stets versuchen zu „beweisen", dass sie richtig gehandelt haben, und zwar selbst dann, wenn es gar keine Kritik gab. Gleiches gilt für Mitarbeiter, die zu Trotzreaktionen neigen, einen hohen Grad an Narzissmus aufweisen und ggf. auch schnell beleidigt sind. Auch werden Kollegen, die alles „besser wissen" oder ständig ihre Unzufriedenheit kundtun und damit für Missstimmung in der Belegschaft sorgen, häufig als „schwierig" bezeichnet.

Wenn Führungskräfte Mitarbeiter deshalb haben, damit sie es nicht selbst tun müssen, wird auch schnell der Anspruch deutlich, den Führungskräfte an ihre Mitarbeiter haben (Abschn. 1.3).

> Führungskräfte vergeben Aufträge in der Hoffnung, dass diese termingerecht erledigt werden (vgl. Dobler und Croset 2015).

Keine der von uns befragten rund 5000 Führungskräfte hat in den Seminaren und Vorträgen jemals angegeben, dass sie sich Mitarbeiter wünschen, die einen hohen Betreuungsaufwand aufweisen. Mitarbeiter, die termingerecht das abliefern, was bestellt wurde und dabei einen gefühlt geringen Betreuungsaufwand aufweisen, sind demnach beliebter als andere Mitarbeiter. Setzt man diese beiden Faktoren in einem Koordinatenkreuz miteinander in Bezug, ergibt sich folgendes Bild, was wir in Abb. 1.7 darstellen.

Wichtig dabei: Diese Vorgehensweise hat keine wissenschaftliche Basis! Die Typologisierung dient lediglich dazu, die Begriffsdefinitionen mit Hilfe der Visualisierung zu erleichtern.

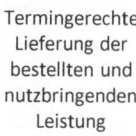

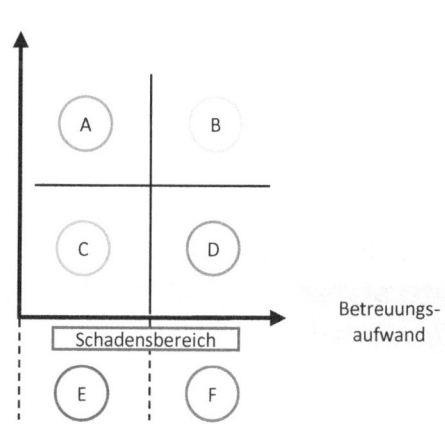

Abb. 1.7 Führungskräfte vergeben Aufträge in der Hoffnung, dass diese von Mitarbeitern termingerecht erledigt werden. Die Einstufung zu Betreuungsaufwand und termingerechter Lieferung der Arbeitsleistung erfolgt individuell je nach gefühlsmäßiger Einschätzung der Führungskraft. © Dobler 2019. All Rights Reserved

Es gibt dementsprechend *keine* A- oder B-Mitarbeiter, denn die Einteilung von Mitarbeitern in Typen ist aus psychologischer Sicht immer heikel und aus unserer Sicht nicht vertretbar. Die Führungskräfte visualisieren lediglich ihre gefühlte, subjektive Einschätzung des jeweiligen Mitarbeiters.

Damit ergibt sich folgendes Bild:

Jene Mitarbeiter, die sich nach der Einschätzung einer Führungskraft im Sektor A befinden, sind diejenigen Mitarbeiter, die man üblicherweise als „Leistungsträger" bezeichnen würde.

Mitarbeiter, die im Sektor B eingestuft werden, sind jene Mitarbeiter, die gute Leistungen auch termingerecht abliefern, jedoch einen gefühlt hohen Betreuungsaufwand aufweisen. Es sind häufig Mitarbeiter, die zu Diskussionen neigen oder häufig in Konflikten verwickelt sind, sei es mit Kunden oder Kollegen oder mit Führungskräften.

Mitarbeiter im Sektor C gelten als Low Performer. Es sind jene, die gefühlt kaum Leistung abgeben, allerdings auch keinen hohen Betreuungsaufwand aufweisen. Zumindest im Vergleich zu Mitarbeitern im Sektor D. Das sind jene Mitarbeiter, die als schwierig empfunden werden: kaum Leistung bei hohem Betreuungsaufwand.

Am Ende gibt es noch Mitarbeiter, die sogar Schaden verursachen. Dafür stehen dann die Sektoren E und F bereit.

1.11 Wie die beiden Begriffe Low Performer und schwierige Mitarbeiter rechtlich einzustufen sind

Wie dargestellt führen Low Performer und schwierige Mitarbeiter häufig zu einer erheblichen Belastung für deren Führungskräfte und das Unternehmen. Führungskräfte erwarten von Low Performern, dass diese ihre Leistung verbessern, und von schwierigen Mitarbeitern, dass diese sich produktiver in die Arbeitsabläufe integrieren, statt toxisch zu agieren. Interessanterweise gehen viele Führungskräfte dabei wie selbstverständlich davon aus, dass das Unternehmen auch einen Anspruch hierauf habe. Sie gehen also davon aus, dass die beiden genannten Gruppen durch ihr jeweiliges Verhalten ihre arbeitsvertraglichen Pflichten verletzen. Hieraus leiten viele Führungskräfte die Erwartung her, dass die fortgesetzte Verletzung dieser angenommenen arbeitsvertraglichen Pflichten auch arbeitsrechtliche Konsequenzen bis hin zur Beendigung des Arbeitsverhältnisses rechtfertigen kann. Diese Erwartung entspricht jedoch häufig nicht der arbeitsrechtlichen (und arbeitsgerichtlichen) Realität. Häufig sind Führungskräfte überrascht erfahren zu müssen, dass Arbeitsgerichte im Verhalten von Low Performern und schwierigen Mitarbeitern keinerlei Vertragsverletzung erkennen können, mit der Folge, dass ausgesprochene Kündigungen unwirksam sind. Das Entsetzen ist dann groß, gerade diesen Arbeitnehmern, deren Verhalten subjektiv als vollkommen unhaltbar eingestuft wird, auch noch eine hohe Abfindung zahlen zu müssen.

1.11.1 Low Performer

Im Falle der Low Performer hat diese Diskrepanz zwischen betrieblicher Erwartung und gerichtlicher Realität folgende Ursache: Führungskräfte betrachten die Sachlage aus der Perspektive eines allgemeinen, durchschnittlich erwartbaren Leistungsniveaus („objektiver Mittelwert"). Für die Arbeitsgerichte hingegen gilt als Referenzpunkt lediglich das subjektiv-individuelle Leistungsniveau des Arbeitnehmers. Das Bundesarbeitsgericht formuliert dies prägnant:

> Bundesarbeitsgericht: Der Arbeitnehmer muss tun, was er soll, und zwar so gut, wie er kann. Die Leistungspflicht ist nicht starr, sondern dynamisch und orientiert sich an der Leistungsfähigkeit des Arbeitnehmers.[1] Der Arbeitnehmer schuldet das „Wirken", nicht das „Werk".[2]

Beispiel

In einer Fabrik montieren 100 Arbeitnehmer identische Bauteile. Nachweisbar schaffen die Arbeitnehmer durchschnittlich 9 Bauteile pro Stunde, wobei fast alle pro Stunde zwischen acht und zehn Bauteilen schaffen. Die durchschnittliche Fehlerquote beträgt 1,2 %. Ein bestimmter Arbeitnehmer erreicht jedoch dauerhaft lediglich einen Durchschnittswert von vier Bauteilen pro Stunde, wobei seine durchschnittliche Fehlerquote 3,6 % beträgt. Er wird daher als Low Performer angesehen.

Führungskräfte gehen bei diesem Beispiel häufig von einer eindeutigen Vertragsverletzung aus. Die arbeitsgerichtliche Wertung ist jedoch eine vollkommen andere. Arbeitnehmer sind nach ihrem Arbeitsvertrag regelmäßig nur verpflichtet, eine bestimmte Anzahl von Arbeitsstunden am Arbeitsplatz zu verbringen und dabei Arbeit zu verrichten. Sie sind jedoch nicht verpflichtet, eine bestimmte allgemeingültig objektivierbare Arbeitsmenge (Durchschnittsmenge, Mittelwert o. ä.) bzw. Arbeitsqualität zu erbringen. Vielmehr sind Arbeitnehmer nach ihrem Arbeitsvertrag

---

[1] BAG, Urteil vom 17.01.2008 – 2 AZR 536/06.
[2] BAG, Urteil vom 11.12.2003 – 2 AZR 667/02.

nur verpflichtet, gerade die Arbeitsmenge und Arbeitsqualität zu erbringen, die Ihnen *höchstpersönlich* dauerhaft maximal möglich ist. Der Arbeitgeber müsste also nachweisen, dass der Arbeitnehmer hinter dem zurückbleibt, was ihm möglich wäre. Leicht überspitzt auf den Punkt gebracht: Der Arbeitgeber muss nachweisen, dass der Arbeitnehmer *vorsätzlich trödelt.* Der Arbeitnehmer hingegen kann stets einwenden, dass ihm ein besseres Ergebnis nicht möglich sei. Dabei erkennen die Arbeitsgerichte insbesondere folgende Erklärungen für eine abgesenkte Leistungsfähigkeit an: altersbedingte Leistungsdefizite, Beeinträchtigungen durch Krankheit, aber auch betriebliche Umstände.[3] Paradoxerweise kann der Arbeitnehmer sich also erfolgreich damit verteidigen, dass er eben tatsächlich ein Low Performer und zu mehr nicht (mehr) fähig sei. Die juristische Literatur hat sich mit dem Thema umfangreich beschäftigt und vielfältig beleuchtet, mit welchen Argumenten ein Arbeitgeber theoretisch eine sogenannte Low Performer-Kündigung erfolgreich durchsetzen könnte (Glanz 2008; Stück 2011; Weber 2015). In der Praxis zeigt sich jedoch, dass die klassische Low Performer-Kündigung weitgehend aussichtslos bleibt. Es gelingt den Arbeitnehmern (bzw. deren Rechtsanwälten) in aller Regel darzulegen, dass dem Arbeitnehmer keine Vertragsverletzung ausreichend klar vorgeworfen werden kann. Damit kann der Arbeitgeber sich aber praktisch nicht mehr erfolgreich auf statistische Werte beziehen, auch wenn diese ihm subjektiv offensichtlich erscheinen.

Ein Arbeitsrichter fasste in einer Gerichtsverhandlung seine Sicht der Dinge einmal wie folgt zusammen:

Arbeitsrichter

„Die Kündigung ist unwirksam, denn dem Arbeitnehmer ist – obwohl seine Leistung sehr weit hinter dem Durchschnitt zurückbleibt – nichts vorzuwerfen. Er tut was er kann, auch wenn das wenig ist. Nur Sie als Unternehmer haben sich etwas vorzuwerfen: Nämlich, dass Sie jemanden eingestellt haben, der so wenig kann."

---

[3] BAG, Urteil vom 11.12.2003 – 2 AZR 667/02.

Diese richterliche Aussage hat in ihrer Deutlichkeit Seltenheitswert. Als regelmäßig in gerichtlichen Verfahren tätiger Fachanwalt für Arbeitsrecht ist es jedoch mein persönlicher (weder empirisch noch wissenschaftlich belegter) Eindruck, dass dies der regelmäßig unausgesprochene Maßstab ist, nachdem Arbeitsgerichte Low Performer-Kündigungen bewerten.

Dementsprechend raten wir von Kündigungen ab, welche mit der reinen Schlechtleistung des Arbeitnehmers, also der zu geringen Menge oder zu geringen Qualität seines Werkes, begründet werden. Aussichtsreich ist regelmäßig lediglich die Prüfung der Gründe für die Schlechtleistung. Dabei ergibt sich erfahrungsgemäß nämlich häufig, dass Arbeitnehmer deshalb zu geringe Mengen erreichen, weil sie gerade nicht ausschließlich Ihrer Arbeit nachgehen, sondern abgelenkt oder anderweitig beschäftigt sind (z. B. Internetsurfen, private Nebentätigkeit, überzogene Pausen = Arbeitszeitbetrug etc.). Gleichermaßen ergibt sich häufig, dass Arbeitnehmer gerade deshalb eine zu schlechte Qualität erzielen, weil sie sich nicht an die vorgegebenen Produktionswege und -methoden halten, insbesondere nicht alle Prüfschritte, Kontrollhandlungen und Vorgaben an die Sorgfalt erfüllen. Unsere Erfahrung ist also, dass die wenigsten Arbeitnehmer „einfach schlecht" sind und daher minderwertige Ergebnisse erzielen. Vielmehr verrichten Arbeitnehmer, welche minderwertige Ergebnisse erzielen, in aller Regel ihre Arbeit entweder faktisch nur teilweise oder aber gerade nicht so, wie der Arbeitsvertrag und das betriebliche Qualitätshandbuch dies vorgeben.

> Stützt man eine Kündigung aber auf diese Verstöße (z. B. unerlaubtes privates Surfen im Internet, Arbeitszeitbetrug, Verstöße gegen Vorgaben des Qualitätshandbuches), so sind die gerichtlichen Aussichten deutlich besser.

Unterstreicht man dann übrigens die Bedeutung und Tragweite des Arbeitsvertragsverstoßes gerade damit, dass der Arbeitnehmer hinsichtlich Menge und/oder Qualität deutlich hinter dem betrieblichen Durchschnitt zurückbleibt, werten die Arbeitsgerichte dies wiederum als besonders starkes Argument.

1.11.2 Schwierige Mitarbeiter

Als „schwierig" werden (wie zuvor unter Abschn. 1.10 dargestellt) solche Mitarbeiter bezeichnet, die zu kritischen Fragen, Rechtfertigung, Trotz-reaktionen, Narzissmus, Besserwisserei und Unzufriedenheit neigen. Diese dargestellten Verhaltensweisen oder Eigenschaften machen den Arbeitnehmer erst dann zu einem „schwierigen Mitarbeiter", wenn ihre Ausprägung ein vernünftiges, sozialverträgliches Maß überschreitet und die Zusammenarbeit mit dem Arbeitnehmer belastend wird. Hieraus er-gibt sich zwangsläufig, dass diese einzelnen Verhaltensweisen des Arbeit-nehmers nicht grundsätzlich als Verletzung des Arbeitsvertrages einge-stuft werden können. Gerade z. B. kritische Fragen stellen vielmehr grundsätzlich auch einen positiven Beitrag eines Arbeitnehmers zum Unternehmensergebnis dar, da sie zur Verbesserung von Prozessen und Abläufen führen können.

Vielfach ist sogar festzustellen, dass gerade „schwierige Mitarbeiter" besonders bestrebt sind, rechtliche Vorgaben einzuhalten und sich rechts-konform zu verhalten. Häufig ist dies mit einem Hang zur übersteigerten Einhaltung von rechtlichen oder vertraglichen Vorschriften – bis auf den Buchstaben des Wortlautes, ohne Rücksicht auf die Realität – verbun-den. Dies führt, soweit eigene Handlungen und Pflichten betroffen sind, typischerweise zu übermäßigen Rückfragen bei der Führungskraft, und soweit vermeintliche Unternehmenspflichten betroffen sind (Compli-ance) zur faktischen Lähmung von Arbeitsprozessen. Auch die überstei-gerte Rechtfertigung eigener Handlungen, Trotzreaktionen und Besser-wisserei sind in erster Linie sozial unerwünschte Verhaltensweisen, erreichen jedoch noch nicht das Maß eines echten Verstoßes gegen ar-beitsvertragliche Pflichten.

> Handlungen „schwieriger Mitarbeiter" sind sehr belastend, stellen jedoch in aller Regel keinen Verstoß gegen den Arbeitsvertrag dar!

Etwas anderes gilt lediglich, wenn der Arbeitnehmer in grober Weise Grenzen überschreitet: Brüllt er im Rahmen einer Rechtfertigung einen

Kollegen an, ist dies ein klarer Verstoß. Stellt der Arbeitnehmer im Rahmen seiner Besserwisserei eine Strafanzeige gegen einen Kollegen oder den Arbeitgeber, ohne zuvor einen innerbetrieblichen Ausgleich zu suchen, kann dies sogar eine fristlose Kündigung rechtfertigen.

Unbestreitbar sind solche Arbeitnehmer, die von Ihren Kollegen oder Führungskräften als „schwierige Mitarbeiter" eingestuft werden, für alle Beteiligten eine ganz erhebliche Belastung. Gleichwohl wird es in aller Regel nicht gelingen, aus dem Konglomerat unerwünschter Verhaltensweisen einen arbeitsrechtlichen Verstoß herauszufiltern, der belastbar arbeitsrechtliche Konsequenzen bis hin zur Beendigung des Arbeitsverhältnisses stützen könnte.

> Es liegt insoweit auch ein Stück weit in der Natur des „schwierigen Mitarbeiters", dass er sich in einem arbeitsgerichtlichen Verfahren regelmäßig als besonders korrekter, überdurchschnittlich vertragskonformer Mitarbeiter darstellen kann, dem vollkommen zu Unrecht Vorwürfe gemacht werden, die im diametralen Widerspruch zu seinem besonders ausgeprägten Engagement für den Firmenerfolg stehen.

Dies macht den Umgang mit schwierigen Mitarbeitern zur ganz besonderen Herausforderung, welche nicht unerhebliche Risiken für die Führungskraft beinhaltet.

Literatur

Barbuto, J. E., Jr., & Scholl, R. W. (1998). Motivation sources inventory: Development and validation of new scales to measure an integrative taxonomy of motivation. *Psychological Reports, 82*, 1011–1022.

Croset, P., & Dobler, M. (2012/2018). *Die rechtssichere Abmahnung: Ein Leitfaden für Personalabteilung und Geschäftsführung.* Wiesbaden: Gabler/Springer.

Dekker, S. W., & Woods, D. D. (1999). To intervene or not to intervene: The dilemma of management by exception. *Cognition, Technology & Work, 1*, 86–96.

Dobler, M. (2012). *Führungskräfte-Eignung: Weshalb so viele Führungskräfte im Alltag versagen und woran man Führungspotential erkennen kann. Hinweise für das Bewerbungsgespräch und den beruflichen Alltag.* Leipzig: KaDo.

Dobler, M. (2016). *Führungskompetenz beginnt mit Führungskommunikation: Essays zu Führungsthemen in der Wirtschaft* (4., komplet. überarb. Aufl.). Leipzig: KaDo.

Dobler, M. (2019). *Umgang mit unfähigen und schwierigen Chefs. Ein kleiner Überblick und grober Leitfaden für Mitarbeiter, die unter ihren Führungskräften leiden.* Leipzig: KaDo.

Dobler, M., & Croset, P. (2015). *Führung auf dem Prüfstand: Über den Umgang mit schwierigen Mitarbeitern und Low Performern.* Leipzig: KaDo.

Dudenredaktion. (o. J.). „führen" auf Duden online. https://www.duden.de/rechtschreibung/fuehren. Zugegriffen am 07.10.2019.

Foerster, H. v. (1973/1985). *Cybernetics of cybernetics, the control of control and the communication of communication – Original edition prepared by the students enrolled in the ‚cybernetics of cybernetics'.* Minneapolis: Future Systems.

Fuchs-Wegner, G. (1987). Management-by-Konzepte. In A. Kieser, G. Reber & R. Wunderer (Hrsg.), *Handwörterbuch der Führung* (S. 1366). Stuttgart: Schäffer-Poeschel.

Glanz, P. (2008). Kündigung von leistungsschwachen Mitarbeitern („Low Performer"). *NJW-Spezial, 3,* 82.

Heckhausen, J., & Heckhausen, H. (2010). *Motivation und Handeln.* Berlin: Springer.

Jeuschede, G. (2013). *Grundlagen der Führung: Führungsprozeß, Führungskreis, Führungsfunktion, Führungskonzeptionen – Management by Objectives – Management by Exception – Management by Delegation -Führen nach dem Regelkreismodell, Führungsstil.* Heidelberg: Springer.

Malik, F. (2001). *Führen, Leisten, Leben. Wirksames Management für eine neue Zeit.* München: Heyne.

Mellerowicz, K. (1963). *Unternehmenspolitik. Bd. 1: Grundlagen.* Freiburg: Haufe.

Rosenstiel, L. (1995). Motivation von Mitarbeitern. In L. Rosenstiel (Hrsg.), *Führung von Mitarbeitern. Handbuch für erfolgreiches Personalmanagement* (S. 161–176). Stuttgart: Schäffer-Poeschel.

Rosenstiel, L. (2010). *Motivation im Betrieb, Mit Fallstudien aus der Praxis.* Eckenförde: Rosenberger Fachverlag.

Sell, R. (1989). Problemdefinition. In R. Sell (Hrsg.), *Angewandtes Problemlösungsverhalten.* Berlin/Heidelberg: Springer.

Sprenger, R. K. (2014). *Mythos Motivation: Wege aus einer Sackgasse.* Frankfurt a. M.: Campus.

Staehle, W. H., Conrad, P., & Sydow, J. (2014). *Management: eine verhaltenswissenschaftliche Perspektive.* München: Vahlen.

Stück, V. (2011). Low Performer in Recht und Praxis. *ArbR – Arbeitsrecht Aktuell, 26*, 651–653.

Türk, K. (1995). Entpersonalisierte Führung. In A. Kieser, G. Reber & R. Wunderer (Hrsg.), *Handwörterbuch der Führung* (S. 328–340). Stuttgart: Schäffer-Poeschel.

Weber, C. (2015). Zum (richtigen) Umgang mit Low-Performern. Die Kündigung wegen Minderleistung und das Recht des Arbeitnehmers auf eine fähigkeitsgerechte Beschäftigung. *Der Betrieb, 68*(33), 1899–1903.

Wegge, J., & Rosenstiel, L. (2004). Führung. In H. Schuler (Hrsg.), *Lehrbuch Organisationspsychologie* (S. 475–513). Bern: Huber.

2

Ursachen für Low Performing und schwierige Mitarbeiter

2.1 Was sich Arbeitnehmer und Arbeitgeber wünschen

Wie kommt es, dass Mitarbeiter plötzlich als „Low Performer" oder „schwierig" bezeichnet werden? Da nicht anzunehmen ist, dass Menschen als Low Performer oder als schwieriger Mitarbeiter geboren werden, muss im Laufe der Internalisierung also etwas vorgefallen sein.

Sowohl beim Arbeitgeber als auch beim Arbeitnehmer steht am Anfang immer die Hoffnung. Der Arbeitgeber hat nach unserer Erfahrung die Hoffnung Mitarbeiter einzustellen, die bei möglichst geringem Betreuungsaufwand die ersehnte Entlastung bringen.

Arbeitnehmer bringen die Hoffnung mit, dass es besser wird, als beim bisherigen Arbeitsplatz (was auch immer „besser" bedeutet). Wir wissen aus Erfahrung, dass nahezu alle Mitarbeiter KLARHEIT haben möchten, in Bezug auf ihr Gehalt, in Bezug auf ihre Aufgaben, in Bezug auf ihre Ziele und in Bezug auf ihre Grenzen (vgl. auch Massini 2019). Mitarbeiter haben die Hoffnung, auf Führungskräfte zu treffen, die LÖSUNGSORIENTIERT (vgl. auch Schütz 2016) entscheiden, und zwar im Sinne der Ziellogik.

Mitarbeiter bringen nach unserer Erfahrung die Hoffnung mit, dass sie in der neuen Stelle eine Tätigkeit ausführen, deren Bedeutsamkeit offensichtlich ist. Sie wünschen sich eine Führungskraft, die ACHTSAM (vgl. auch von Au 2017) erkennt, was sie leisten und das, was sie tun, auch wertschätzt und daher RESPEKTVOLL (vgl. auch Borkowski 2011) mit ihnen umgeht.

Und Mitarbeiter wünschen sich Führungskräfte und Arbeitsstellen, bei denen sowohl gute als auch schlechte Leistungen entsprechende Konsequenzen (=ANPASSUNG) (vgl. auch Kolbusa 2013) nach sich ziehen.

Manche Mitarbeiter haben das Glück, solche Stellen und solche Führungskräfte zu finden, und manche Führungskräfte haben das Glück, Mitarbeiter zu finden, die ihre beiden Anforderungen erfüllen.

Doch in der Realität sieht es leider häufig anders aus. Zwischen einem „Herzlich Willkommen an Bord" und dem dringenden Wunsch, endlich getrennte Wege zu gehen, müssen Einstellungen, Verhalten oder Umstände dazu geführt haben, dass die Hoffnung zerstört wurde.

Was immer auch ein schwieriger Mitarbeiter oder ein Low Performer für eine Führungskraft sein soll, eines ist offensichtlich: Das aktuelle Verhalten entspricht nicht der Vorstellung derjenigen Führungskraft, die den Mitarbeiter als schwierig oder als Schlechtleister einstuft.

Demnach gibt es klare oder diffuse Wunschvorstellungen im Kopf einer jeden Führungskraft. Diese Wunschvorstellung existiert übrigens auch in den Köpfen der Mitarbeiter, auch bei den „schwierigen Mitarbeitern". Auch sie haben eine mehr oder weniger klare Wunschvorstellung im Kopf, wie eine Führungskraft zu sein hat.

Das, was beide Parteien vorfinden, entpuppt sich jedoch im Laufe der Zusammenarbeit nicht als das, was den Vorstellungen entspricht. Dabei wäre, bei entsprechender Achtsamkeit bereits vor dem Zusammenschluss, ersichtlich gewesen, dass Führungskraft und Mitarbeiter nicht so wirklich zusammenpassen.

Viele der Bewerbungsverfahren prüfen entweder die richtigen Kriterien falsch oder die falschen Kriterien richtig. Manche Auswahlverfahren bringen es fertig, die falschen Kriterien auch noch falsch zu prüfen (Dobler 2013, 2016). Dies gilt nicht nur für die Prüfung des Arbeitgebers. Auch der Arbeitnehmer sollte genau prüfen, bei wem er da eincheckt.

Am Ende einer Zusammenarbeit haben sich beide Parteien in eine für sie schwierige oder gar aussichtslose Situation hineinmanövriert. Eine zufriedenstellende Lösung in Form eines Konsenses oder eines Kompromisses wird ohne Hilfe von außen kaum mehr möglich sein.

Die Gründe hierfür finden sich

1. im Umfeld des Mitarbeiters und
2. beim Mitarbeiter selbst.

2.2 Das Umfeld der Mitarbeiter als mögliche Ursache

Allzu schnell werden die Ursachen für Low Performing und „schwierige Fälle" bei den Mitarbeitern gesucht und gerne auch gefunden. Es stellt sich aber die Frage, wie das Urteil „schwieriger Mitarbeiter" überhaupt zustande gekommen. Zweifelsohne existieren Mitarbeiter, die im sozialen Umgang schwieriger sind als andere. Denn Menschen mit z. B. einem ausgeprägten Grad an Egozentrik bergen grundsätzlich genügend Potenzial dazu. Und selbstverständlich gibt es Mitarbeiter, die ihre Aufgaben spürbar und manchmal auch messbar langsamer erledigen als andere. Doch liegen die Ursachen dafür in den seltensten Fällen ausschließlich beim Mitarbeiter. Denn jede Veranlagung, jedes Verhalten eines Menschen, kann sich nur dann in einem sozialen Umfeld entfalten, wenn es durch günstige Bedingungen gefördert oder zumindest nicht eingeschränkt wird.

Jedes Kind testet seine Grenzen aus, das liegt in der Natur der Dinge. Findet es keine Grenzen, dehnt es diese so lange aus, bis es auf welche stößt. Und mit jeder Ausdehnung wird es schwerer, die Grenzen wieder zurück zu verschieben.

Jedes „schwierige" Verhalten hat demnach seinen Ursprung auch im entsprechenden Umfeld. Denn irgendjemand muss ja ein bestimmtes „schwieriges" Verhalten zugelassen und es eben nicht sofort sanktioniert haben. Im Betriebsumfeld liegt die Verantwortung dafür bei den Führungskräften. Doch jeder Tag erneuert die Chance, einen Zustand zu ändern. Diese Tatsache sollte in einem Unternehmen niemand ignorieren.

Nun berichten viele Seminarteilnehmer, dass sie auf ihrer Ebene durchaus reagieren und bestimmte Verhaltensweisen sanktionieren möchten. Dass Problem dabei ist, dass sie jedoch regelmäßig von der nächsthöheren Ebene ausgebremst werden, weil man beispielsweise „die gute Atmosphäre" nicht gefährdet sehen möchte.

Hier offenbart sich ein grundsätzliches Problem deutscher Führungsetagen: Gerade auf Konzernebene findet sich immer wieder die sogenannte Matrixorganisation, bei der die disziplinarische Sanktionsmacht von der fachlichen Disposition getrennt ist.

Diese Konstellation führt regelmäßig zu Problemen, und zwar weniger aus rein logischen, als aus „PSYCHO-logischen" Gründen. Matrix-Konstellationen sind stets Dünger für Machtspiele zwischen den Beteiligten und offenbaren das mangelnde Vertrauen der Vorstandsebenen in die eigenen Führungskräfte.

2.2.1   Das KLARA-Prinzip in der Führungskommunikation und dessen Fehlen als Ursache

Um Ziele mit Hilfe von Mitarbeitern zu erreichen, benötigt die Führungskraft eine wirksame (also effektive bzw. erfolgreiche) Führung.

Geführt wird faktisch mit Hilfe von Delegation und Feedback. Das Instrument dafür ist Kommunikation.

> Um wirksam zu führen, benötigt eine Führungskraft also vor allem eine wirksame Kommunikation!

An dieser Stelle stellt sich die Frage, ab wann eine Kommunikation in der Führung wirksam ist, und welche Voraussetzungen die Wahrscheinlichkeit auf eine effektive Kommunikation erhöhen.

Die erste Frage ist schnell beantwortet. Effektiv ist die Kommunikation immer dann, wenn die Botschaft der Führungskraft bei den Mitarbeitern auch ankommt und sie die gewünschte Veränderung bewirkt. Die Veränderung kann im emotionalen Bereich auftreten oder sich auf das Verhalten auswirken. Sie kann bestätigen, aufwühlen, irritieren oder z. B. auch aufbauen.

Die Antwort auf die zweite Frage basiert ursprünglich auf einer wissenschaftlichen Arbeit (Dobler 2006) und wurde im Laufe der letzten 11 Jahre immer wieder verifiziert. Sie basiert auf folgenden Überlegungen:

2.2.1.1 Klarheit als erster Erfolgsfaktor

Führungskräfte delegieren, damit ein anderer verlässlich liefert, was die Führungskraft selbst nicht tun kann oder will. Der Kern der Führung ist also Delegation.

Nach der Delegation benötigt es ein Feedback um zu bestätigen oder um zu korrigieren.

2.2.1.1.1 *Klarheit in der Delegation*

Gerade für die Delegation ist ein Mindestmaß an Klarheit erforderlich (vgl. Breyer-Mayländer 2015). Denn wenn nicht klar ist, was Mitarbeiter bis wann und mit welchen Mitteln erledigen sollen, können diese auch nicht verlässlich liefern, sondern müssen zwangsläufig versagen.

Für eine verlässliche Lieferung dessen, was die Führungskraft bestellt hat, bedarf es also der Klarheit. Klarheit ist demnach die Grundvoraussetzung für Verlässlichkeit und Verlässlichkeit die Vorbedingung für Vertrauen. Vertrauen ist wiederum die Basis einer jeden Beziehung, natürlich auch der zwischen Führungskräften und Mitarbeitern.

Mangelnde Klarheit führt darüber hinaus nahezu immer zu Missverständnissen oder produziert im schlechtesten Fall auch noch Fehlleistungen. Fehlleistungen und Missverständnisse erzeugen fast immer Frust, weil Energie sinnloserweise verpufft. Die Erfahrung zeigt, dass mangelnde Klarheit auch Unsicherheit oder gar Passivität auslöst, weil manche Mitarbeiter am Ende Angst haben, das Falsche zu tun, und deswegen auch mehr oder weniger nichts mehr tun.

Die Klarheit einer Delegation beginnt jedoch bereits im Kopf. Insbesondere bei Führungskräften beobachten wir immer wieder, dass diese

Aufträge delegieren, ohne genau zu wissen, was sie selbst wirklich wollen und was nach Erledigung ihrer Delegation anders sein soll, als vor der Delegation. Das führt immer wieder zu Frust oder bestenfalls zu abrupten Kursänderungen mitten in der Umsetzung. So oder so endet es mit der Vernichtung von Human-Ressourcen und damit letzten Endes zur Vernichtung von Geld.

Wie sollen also Mitarbeiter verlässlich liefern, wenn weder der Führungskraft noch den Mitarbeitern klar ist, woran sie erkennen können, dass sie ihr Ergebnis erreicht haben? Den meisten Delegationen fehlt es an der minimalen Basis an Informationen. Jede Aufgabe, jeder Auftrag und jede Delegation benötigt als Mindestmaß die Machbarkeit, die Messbarkeit und die Terminierung, kurz: MMT (siehe Abb. 2.1). Ohne MMT wird jedes Resultat zufällig und kostet in der Regel mehr, als es nutzt.[1]

Eine Führungskraft kann nach Dobler (2016) auf zwei Arten delegieren:

1. Den Mitarbeitern wird der genaue Weg aufgezeigt, wie sie vorzugehen haben, um das gewünschte Ziel zu erreichen. Beauftragte Mitarbeiter müssen sich über das „Wie?" keine Gedanken machen. Sie müssen lediglich ausführen. Es handelt sich hier um eine sogenannte Strukturstelle (vgl. Dekker und Woods 1999; Fuchs-Wegner 1987).

Abb. 2.1 MMT. © Dobler 2019. All Rights Reserved

---

[1] Üblicherweise wird im Zusammenhang mit einer Zielstellung das Akronym SMART verwendet, wobei SMART für **S**pezifisch, **M**essbar, **A**kzeptiert, **R**ealistisch und **T**erminiert steht (vgl. auch Tiefenbacher und Neuburger 2010). Wir haben in der Praxis festgestellt, dass sich kaum eine Führungskraft alle Bestandteile dieses Akronyms in seiner Vollständigkeit merken kann und es deshalb häufig dazu kommt, dass elementare Parameter für eine Zielsetzung weggelassen werden. Bessere Erfahrungen gab es hingegen mit der Abkürzung MMT: Die meisten Führungskräfte können sich MMT gut merken, wodurch die Inhalte dieser Abkürzung daher wesentlich häufiger im Arbeitsalltag berücksichtigt werden.

2. Die zweite Option besteht darin, den Mitarbeitern eine klare Zielstellung vorzugeben. Die Klärung der Frage nach dem „Wie?" obliegt dann den Ausführenden. Die Führungskraft kontrolliert lediglich das Resultat. Es handelt sich hier um eine sogenannte Ergebnisstelle (Jeuschede 2013; vgl. auch Malik 2001).

Beiden Arten der Delegation ist gemeinsam, dass sie nur dann wirksam sind, wenn sie MACHBAR, MESSBAR und TERMINIERT sind.
Abb. 2.2 zeigt die beiden Delegationsmethoden noch einmal in einer Grafik auf.

2.2.1.1.2 *Klarheit beim Feedback*

Auch für das Feedback braucht es Klarheit.
Wenn eine Arbeit getan wurde, entspricht diese entweder dem Wunsch der Führungskraft oder eben nicht. So oder so ist es für die Leistungsfä-

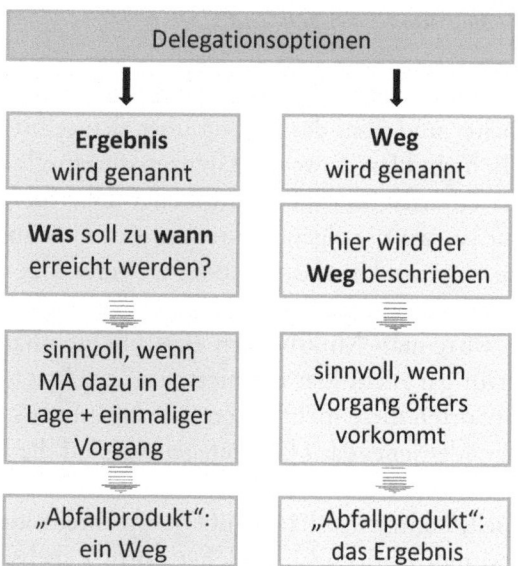

Abb. 2.2 Delegationsmethoden © Dobler 2019. All Rights Reserved

higkeit von Mitarbeitern erforderlich, dass sie von Ihrer Führungskraft ein Feedback erhalten.

Ziel eines Feedbacks ist es beispielsweise, Mitarbeiter darin zu bestärken, genau so weiter zu machen oder bei Ihnen eine Verhaltensveränderung zu initiieren. Ein Feedback war also dann erfolgreich, wenn es diesbezüglich wirksam war. Die Voraussetzung für Wirksamkeit ist, dass die Botschaft beim Empfänger ankommt (Fengler 2004).

Und auch hier ist erneut die Klarheit im Vordergrund. Denn nur wenn eine Botschaft klar definiert wird, hat sie überhaupt die Chance auch anzukommen.

Viele Führungskräfte geben gar kein Feedback oder sie verwässern die eigentliche Botschaft, indem sie blumig um die eigentliche Botschaft herum schwadronieren. Andere wiederum erteilen Feedback so, dass die Mitarbeiter danach komplett demotiviert sind und entweder innerlich oder juristisch kündigen. In jedem dieser Fälle sind Missverständnisse die Ursache, und Missverständnisse haben ihren Ursprung stets in mangelnder Klarheit.

2.2.1.1.3 *Klarheit über Grenzen und Regeln*

Die Notwendigkeit von Klarheit zieht sich weiter über das Wissen der eigenen Mitarbeiter und über das Wissen über sich selbst als Führungskraft. Wenn z. B. nicht klar ist, welche Grenzen die einzelnen Mitarbeiter aufweisen, läuft es meist in eine Unter- oder Überforderung hinaus. Wenn nicht klar ist, wo die eigenen Grenzen der Führungskraft liegen, kommt es rasch zu einer Überlastung oder zu einer Überforderung bei derselben.

Nicht selten wirft man Mitarbeitern eine Nichteinhaltung von Regeln vor, die zuvor gar nicht klar definiert wurden. Fragt man die Führungskräfte, antworten diese nicht selten mit der Inbrunst der Überzeugung, dass dieses oder jenes ganz klar geregelt sei. Auf die Nachfrage, wo genau und was genau geregelt wurde, schrumpft die Überzeugung dann meist sehr schnell, denn es ist häufig überhaupt nicht klar, welche Regeln wirklich existent sind und in welcher Form Regelverstöße geahndet werden.

2.2.1.1.4 Klarheit für die Leistungsvoraussetzungen

Fehlt die Klarheit darüber, was Mitarbeiter benötigen, um eine optimale Leistung zu erbringen, wird die Leistungsabgabe ebenfalls zufällig und gleitet dann schnell ins Low Performing ab. Wie bereits erwähnt, entsteht die Leistungsabgabe nicht einfach im luftleeren Raum. Damit Mitarbeiter überhaupt Leistung erbringen können, bedarf es gewisser Voraussetzungen, die wir bereits in Abschn. 1.7 erörtert haben, an dieser Stelle jedoch noch einmal kurz der Form halber zusammenfassen.

Ohne Klarheit darüber, was eine Führungskraft von ihren Mitarbeitern erwartet, werden Mitarbeiter auch keine verlässlichen Ergebnisse liefern (können). Mitarbeiter müssen das, was sie tun sollen, auch tun können. Und sie müssen das, was sie können und sollen, auch wollen.

Führungskräfte, die keine Klarheit darüber haben, was ihre Mitarbeiter können, was sie wollen und was sie sollen, werden auch keine Leistungen erwarten können. Und wenn der Führungskraft nicht klar ist, welche Ressourcen die einzelnen Mitarbeiter benötigen, um ihre Aufgaben zu erfüllen, erhöht dies ebenfalls das Risiko, Schlechtleistungen zu erhalten.

In Abschn. 1.7 haben wir die einzelnen Voraussetzungen als Faktoren bezeichnet, denn wenn ein Mitarbeiter nichts von dem kann, was er können muss, um seine Aufgabe zu erfüllen, wird die Leistungsabgabe auch nicht die Anforderung erfüllen und damit mathematisch gegen null streben.

2.2.1.1.5 Klarheit darüber, dass es sich um einen Konflikt handelt

Wie in Abschn. 1.1 dargelegt, existiert ein Problem dann, wenn es zwischen Wunschvorstellung und dem wahrgenommenen Ist-Zustand eine Differenz gibt. Wenn Führungskräfte Mitarbeiter als schwierig definieren bzw. Mitarbeiter die Führungskraft als unfähig oder schwierig definieren, existiert zwischen diesen Parteien offensichtlich ein Delta zwischen den wahrgenommenen Ist-Zuständen und deren Wunschvorstellung. Werden also Erwartungen, die wir an Menschen haben, nicht erfüllt, entsteht zunächst automatisch ein Konflikt bei mindestens einer der Parteien. Der Konflikt entsteht bei jener Partei, deren Erwartungen nicht erfüllt werden. Die Entstehung eines Konflikts bei einer der Parteien bedeutet nicht zwingend, dass dieser auch zwischen den Parteien ausbricht.

Wichtig ist jedoch, dass die Konfliktparteien erkennen, dass es sich um einen klassischen Konflikt handelt. Diese Erkenntnis ist deshalb so elementar, weil sich Konflikte ähnlich wie Karies unbemerkt ausbreiten und irgendwann ein Stadium erreicht haben, in dem keine Chance mehr existiert, diesen Konflikt ohne Trennung beider Parteien zu lösen.

Vielen Führungskräften ist häufig gar nicht bewusst, dass sie einen Konflikt haben, wenn sie von schwierigen Mitarbeitern oder Low Performern sprechen. Ohne diese Klarheit verschärft sich dieser Konflikt jedoch zunehmend, und trägt so zu seiner eigenen Verstärkung bei. Dieses nicht-Wahrnehmen kann somit eine weitere Ursache für Low Performing darstellen.

2.2.1.1.6 Klarheit darüber, in welcher Stufe des Konflikts man sich befindet

Es ist ebenso wichtig, sich bewusst zu machen, in welcher Stufe eines Konflikts man sich befindet. Das kann man sich u. a. mittels des Stufenmodels des österreichischen Konfliktforschers Glasl (1980) klarmachen. Glasl hat in den 1980ern ein neunstufiges Modell vorgestellt, bei dem die graduelle Verschärfung von Konflikten Schritt für Schritt verdeutlicht wird. Es gibt weitere Stufenmodelle, wie beispielsweise jenes von Spillmann und Spillmann (1989), das mit lediglich 5 Konflikt-Stufen ein etwas gröberes Modell zur Erkennung der jeweiligen Eskalationsstufe darstellt.

Glasl unterscheidet drei Phasen mit je drei Stufen. Die erste Phase beinhaltet folgende drei Stufen:

1. Die Stufe der Verhärtung. Hier beginnt sozusagen der Konflikt, da Erwartungen nicht erfüllt werden. Spannungen entstehen, Enttäuschungen und Ärger kommen hoch. Dies ist alltäglich und wird nicht zwingend als Konflikt wahrgenommen. Werden die nicht erfüllten Erwartungen jedoch intensiver oder wird bereits die erste Enttäuschung

als sehr intensiv wahrgenommen, ist die erste Stufe auch schon überschritten.

2. In der Stufe zwei beginnt jede Partei, sich eine Strategie zurecht zu legen, um die andere Partei von der „richtigen" Sicht zu überzeugen. Es werden gegenseitig „logische" Argumente und Gegenargumente geliefert. In manchen Fällen versucht eine Partei die andere unter Druck zu setzen.

3. In der dritten Stufe, die dann beginnt, wenn die zweite Stufe nicht zum Erfolg bzw. zur Lösung des Konflikts geführt hat, beginnen die Parteien Taten statt Worte sprechen zu lassen. Dabei werden z. B. Gespräche plötzlich abgebrochen oder der Druck auf den anderen durch die Unterlassung bislang üblicher bzw. die Ausführung bislang unüblicher Handlungen massiv erhöht. Dabei erzeugt Druck fast immer Gegendruck. Metaphorisch stelle man sich zwei Menschen beim Armdrücken vor. Beide versuchen durch den Armdruck den Gegner zum Aufgeben zu bewegen.

Innerhalb der ersten Phase wäre es nach Glasl noch möglich, eine sogenannte Win-Win-Situation herzustellen. Dabei könnten also beide Parteien zu einem Konsens oder einem Kompromiss kommen.

Die zweite Phase lässt dies schon nicht mehr zu. Hier geht es nach Glasl einer oder beiden Konfliktparteien um das Erreichen einer Win-Loose-Situation. Es geht also darum, dass der andere verlieren soll. Damit erreicht der Konflikt die Dimension eines Kampfes, wobei es nicht nur darum geht, den Kampf nur zu eröffnen, sondern ihn auch zu gewinnen. Diese Phase wird in folgende drei Stufen unterteilt:

1. In dieser Stufe beginnt der Kampf. Um den Kampf zu gewinnen benötigt man in vielen Fällen Verbündete. Daher startet die erste Stufe dieser Phase bzw. die vierte Stufe im Gesamtmodell damit, sich Verbündete zu suchen. Hat man potenzielle Verbündete gefunden, versucht man mit diesen zu koalieren.

2. Diese Stufe ist dadurch gekennzeichnet, dass die eine Partei versucht, die andere zu diskreditieren. Es geht darum, den Gegner in seinem Standing innerhalb seines Umfelds zu schwächen. Ziel ist es, dessen

Vertrauenswürdigkeit bei den anderen Mitgliedern der Gemeinschaft zu untergrabe.

3. In der dritten Stufe dieser Phase bzw. in Stufe 6 des Gesamtkonstrukts geht es um die Kontrolle der Situation. Deshalb beginnen die Parteien nun mit Drohungen und Warnungen zu operieren. Es werden plötzlich sehr konkrete Forderungen gestellt und mit Ultimaten verknüpft. Das Vorgehen einiger Parteien kann hierbei sehr brachial sein.

Die letzte Phase läutet die Vernichtungsphase ein. Hier geht es nicht mehr darum, den Konflikt zu gewinnen. Es geht in erster Linie darum, den Gegner zu vernichten.

1. Die siebte Stufe beginnt mit der „begrenzten Vernichtung" des Gegners. Die andere Partei wird nicht mehr als Mensch wahrgenommen. Sie wird gewissermaßen entmenschlicht. Ziel ist es, der andere Partei Schaden zuzufügen. Jeden Schaden, den man der anderen Partei zugefügt hat, verbucht man als eigenen Gewinn. Dabei wird der eigene Schaden bereits in Kauf genommen. Entscheidend ist, dass der eigene Schaden kleiner ist als der Schaden, den die Gegenpartei erlitten hat.
2. In dieser Stufe wird versucht, die Infrastruktur des Gegners zu zerstören. Verbündete werden diskreditiert. Es wird versucht wichtige Ressourcen wie Geldmittel zu vernichten, um das Umfeld für den Gegner so unerträglich wie möglich zu machen.
3. In der letzten Stufe geht es nur noch um die totale Vernichtung. Dabei nehmen die Parteien auch die eigene Vernichtung billigend in Kauf.

2.2.1.1.7 Klarheit über den Beziehungsstatus

Jede Zusammenarbeit zwischen Führungskraft und Mitarbeiter transportiert sich über die Kommunikation. Jede Kommunikation besteht nach Watzlawik aus mindestens zwei Ebenen. Es handelt sich um die Sachebene und die Beziehungsebene (Watzlawik et al. 2007).

Es ist demnach nicht möglich lediglich auf der Sachebene zu kommunizieren. Mit jeder Art der Kommunikation schwingt auch stets der Beziehungsaspekt mit (vgl. Retter 2002).

Der Grad des Beziehungsaspektes ist sehr komplex und kaum monokausal zu erklären. Nach Dobler (2019) spiegelt sich der Beziehungsgrad in erster Linie im Grad des gegenseitigen Vertrauens wider. Je mehr gegenseitiges Vertrauen vorhanden ist, desto höher ist der gegenseitige Beziehungsgrad. Je weniger Vertrauen vorhanden ist, desto grösser ist dementsprechend das Misstrauen. Je höher das Misstrauen, desto weniger Energie und Aufmerksamkeit können die Kommunizierenden der Inhaltsebene zuwenden.

Man könnte also folgendes konstatieren: Je besser die Beziehungsebene, desto höher die Wahrscheinlichkeit, dass die Kommunikation erfolgreich wird. Dies gilt auch für den umgekehrten Fall: Je schlechter die Beziehungsebene, desto höher die Wahrscheinlichkeit, dass die Kommunikation scheitert.

Um überhaupt eine Chance zu haben, Konflikte zu lösen, ist es also notwendig zu klären, in welchem Beziehungsstatus sich die beiden Parteien (Führungskraft und Mitarbeiter) befinden.

Mit Hilfe der Grafik Abb. 2.3 können beiden Parteien für sich versuchen zu klären, ob sie sich im überwiegend roten Bereich oder überwiegend grünen Bereich befinden.

2.2.1.2 Lösungsorientierung als zweiter Erfolgsfaktor

Jede Arbeit von Mitarbeitern verändert einen aktuellen Zustand. Idealerweise verändert sich der aktuelle Ist-Zustand in Richtung Soll-Zustand,

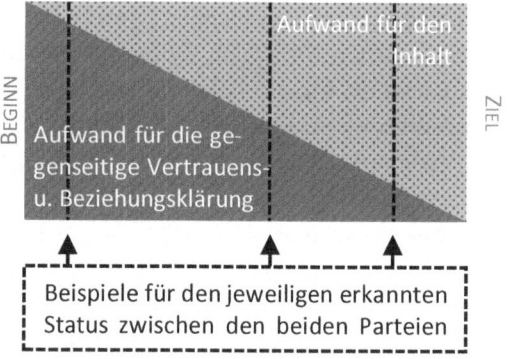

Abb. 2.3 Beziehungsstatus zwischen Führungskraft und Mitarbeiter. © Dobler 2019. All Rights Reserved

anderfalls wäre die Arbeit vermutlich entbehrlich. Sollte die Richtung sich jedoch nicht dem Soll-Zustand nähern, entsteht automatisch ein Delta, eine Differenz. Dieses Delta zwischen den Wunschvorstellungen und einem Ist-Zustand bezeichnet man, wie in Abschn. 1.1 bereits dargestellt, gemeinhin als Problem (Dobler 2016). Ein Großteil der Kommunikation von Führungskräften richtet ihre Energie vor allem auf die Korrekturen von Problemen. Die Bedingung, um Probleme mit Hilfe von Lösungen zu Aufgaben umzuwandeln, ist insbesondere lösungsorientiertes Denken, Reden und Handeln.

Was aber, wenn eine Führungskraft tendenziell eher problemorientiert denkt, kommuniziert und handelt? Dann drehen sich die Ressourceneinsätze aller Beteiligten am Ende im Kreis. Es wird ständig nach Ursachen und den Verantwortlichen gesucht, ohne dass der Fokus auf die Lösung gerichtet wird. Es wird bildlich gesprochen Bewegung vorgetäuscht, indem alle auf der Stelle treten.

Fehlt demnach die Lösungsorientierung bei Führungskräften, fehlt es zwangsläufig auch an Effektivität, von der Effizienz einmal ganz zu schweigen (vgl. auch Schütz 2016).

2.2.1.3 Achtsamkeit als dritter Erfolgsfaktor

Eine Führungskraft verwaltet und koordiniert ihre Mitarbeiter-Ressourcen. Deshalb muss sie beispielsweise rechtzeitig erkennen, wenn Mitarbeiter über- oder unterfordert sind, wann sie über- oder unterlastet sind, und auch wenn Mitarbeiter mit der eigenen Motivation zu kämpfen haben, um nur drei Situationen von vielen weiteren zu nennen.

Die Grundvoraussetzung für die Erkennung der aktuellen Situation der Mitarbeiter ist Achtsamkeit. Doch viele Führungskräfte sind alles andere als achtsam. Viele sind eher Sklaven ihrer eigenen Gewohnheiten und kaum in der Lage, auf sich selbst zu achten, geschweige denn auf die eigenen Mitarbeiter (vgl. auch von Au 2017). Einige Führungskräfte legen ihre Achtsamkeit auch eher auf ihre Karriere, als auf ihre Ressourcen, und versuchen, mangelhafte Resultate durch blumige Erklärungen beim Vorstand zu kompensieren. Zu viele Führungskräfte sind mehr damit beschäftigt, **in** den Prozessen zu arbeiten, als **an** den Prozessen und **am** Teamklima. Auch hier kommt die Achtsamkeit zu kurz.

2.2.1.3.1   Unerhört, diese Mitarbeiter

Mangelnde Achtsamkeit führt fast immer zu De-Motivation, Frust, Wut, Erschöpfungssyndromen oder zu einer hohen Personalfluktuation im Betrieb, ohne jegliche Beachtung durch die Vorgesetzten. Mangelnde Achtsamkeit findet sich häufig im mangelnden Zuhörverhalten der Führungskräfte. Viele Führungskräfte hören gar nicht (mehr) zu, wenn Mitarbeiter ihnen etwas versuchen mitzuteilen.

2.2.1.3.2   Ungesehen, diese Mitarbeiter

Achtsamkeit findet sich auch im Beobachten wieder. Achtsame Führungskräfte sehen stets genau hin bei Ihren Mitarbeitern. Sie erkennen rechtzeitig, ob es sich bei Auffälligkeiten um eine Stimmungsschwankung handelt oder ob diese beginnt sich auf irgendeine Weise zu manifestieren. Achtsame Führungskräfte erkennen, ob sich die Körpersprache mit den Worten deckt und fragen dann auch nach den Ursachen.

Wenn eine Führungskraft nicht achtsam gegenüber ihren Mitarbeitern ist, wie will sie dann erkennen, was welche Mitarbeiter besonders gut können, und was sie nicht gut können?

Dies führt nicht selten dazu, dass eine Führungskraft dann bildlich gesprochen die Schuhe beim Bäcker bestellt und sich wundert, weshalb nicht geliefert wird.

2.2.1.4   Respekt als vierter Erfolgsfaktor

Respekt ist der Grundpfeiler einer jeden Beziehung und ist der Erfolgsfaktor, der am meisten auf Unternehmenswebseiten proklamiert wird. Es ist gleichzeitig jener Erfolgsfaktor, der in der deutschen Führungslandschaft am wenigsten zu finden ist (vgl. auch Borkowski 2011).

Es scheint, als ob jede Führungskraft ihre ganz eigene Vorstellung von Respekt zelebriert, jedoch Elementares aus dem menschlichen Umgang außer Acht lässt.

Respekt lässt sich vielfältig definieren. Wir unterteilen Respekt in zwei Aspekte:

2.2.1.4.1 Der 1. Aspekt des Respekts

Respekt beginnt damit, sein Gegenüber so zu respektieren, wie er oder sie ist. Respekt bedeutet, die aktuell entstandene Situation zu respektieren, und Respekt bedeutet auch zu respektieren, was einzelne Mitarbeiter können, was sie wollen, was sie sind und auch wie sie sind.

Respekt bedeutet nicht, etwas gut zu heißen. Es bedeutet lediglich, etwas hinzunehmen, wie es eben ist. Je wert- und interpretationsfreier wir dies tun, umso mehr Zeit und Energie bleibt übrig, um lösungsorientiert zu denken, zu reden und zu handeln. Doch viele Führungskräfte ver(sch)wenden ihre Ressourcen häufig dafür, Vorhandenes zu negieren, zu erklären, zu beschimpfen oder zu bekämpfen. Das ist zwar menschlich, jedoch selten hilfreich.

2.2.1.4.2 Der 2. Aspekt des Respekts

Aspekt des Umgangs und der Kommunikation
Der respektvolle Umgang mit anderen Kollegen, Vorgesetzten und Mitarbeitern hat eine elementare Auswirkung auf die Motivation und damit auf die Leistungsfähigkeit aller Beteiligten.

Stets fallen Worte wie z. B. Wertschätzung: „*Wertschätzung stellt in unserer Unternehmenskultur ein unverzichtbares Gut dar*" ist dann häufig auf den Leitbildern von Konzernen zu lesen. Was genau unter „Wertschätzung" zu verstehen ist wird nur nirgends genauer beschrieben. Und so trägt jede Führungskraft und jeder Mitarbeiter die ganz eigene Vorstellung von Wertschätzung in sich, und demonstriert diese auf die eigene, manchmal unverwechselbare Art.

Dies wird immer wieder deutlich, wenn in den Seminaren, Workshops oder Coachings die Frage nach Wertschätzung gestellt wird. Viele glauben, dass es wertschätzend sei, jedem Mitarbeiter früh morgens die Hand zu schütteln und mechanisch zu lächeln. Manche sind eher Ansicht, dass es Wertschätzung sei, Mitarbeiter nicht oder zumindest nicht direkt zu kritisieren, stattdessen überschwänglich zu loben und die Kritik „scheibchenweise zu verpacken".

Abb. 2.4 Metaphorisches Bild. © Dobler 2019. All Rights Reserved

Doch dies führt in der Regel nur zu Unklarheiten und am Ende zu Frust. Solche Unternehmenskulturen sind in der Regel nicht förderlich für ein offenes Teamklima und führen eher dazu, dass sich unterschwellige Aggressionen breit machen. Dies hat ein Bild von Schiffen, bei dem sich alle oben zuwinken, während unten bereits die Torpedos abgefeuert werden, siehe dazu Abb. 2.4.

Dabei wird häufig das Elementarste übersehen und damit auch übergangen: den Gesprächspartner ernstnehmen!

Ernstnehmen des Menschen an sich und dessen, was er äußert
Ernstnehmen bedeutet vor allem, Wertungen und Interpretationen so gut wie eben möglich außen vor zu lassen. Ernstnehmen bedeutet, auf das Gehörte und das Beobachtete auch wirklich einzugehen. Dies erfordert Achtsamkeit und mündet in jenen Respekt, den wir alle so sehr benötigen.

So viel zum normativen Wunsch. Die Realität sieht eben häufig anders aus. Führungskräfte gehen über Fragen, Wünsche oder Bedenken einfach mit Killerphrasen hinweg, werten, interpretieren und kommentieren nahezu alles, selbst dann, wenn sie gar nicht gefragt wurden.

Nicht selten finden sich in der Führungsetage auch Menschen mit einem sehr explosiven Temperament und einer recht kurzen Zündschnur. Regelmäßige Wutausbrüche mit Beschimpfungen auf allen Ebenen, begleitet von unklaren Anweisungen und Forderungen und garniert mit irgendwelchen Kurzschlussentscheidungen, machen es Mitarbeitern enorm schwer, nicht in das Segment des Low Performers abzugleiten.

2.2.1.5 Anpassungskonsequenz als fünfter Erfolgsfaktor

Das Leben besteht aus ständigen Anpassungen. Irgendetwas entspricht nicht dem Soll, dem Wunsch eines Menschen. Dies löst einen Veränderungswunsch aus, der sich dann in aktiven Handlungen oder in passivem Jammern widerspiegelt. Jede aktive Veränderung wird von einer Adaption begleitet. Denn nur, wer etwas Neues adaptiert, erhält auch die Chance, dass Neues entsteht. Wer mit den immer gleichen Methoden versucht, eine Veränderung zu erzeugen, wird mit hoher Wahrscheinlichkeit auch immer dasselbe Resultat erreichen. Am Ende ist es stets eine Frage der Konsequenz, die man aus einer Erkenntnis zieht (vgl. auch Kolbusa 2013).

Die „Anpassung" spielt also einerseits in der Kommunikation eine starke Rolle, andererseits auch im Management, wenn es um Entscheidungen und Methoden geht.

2.2.1.5.1 Anpassungskonsequenz in der Kommunikation

Bleiben wir einmal beim Thema Kommunikation: Gerade in der Führung ist die Königsdisziplin innerhalb einer Kommunikation die Anpassung an seinen jeweiligen Mitarbeiter. Dazu bedarf es erneut eines Mindestmaßes an Achtsamkeit sowie den Willen und die Fähigkeit, sich z. B. in Punkto Wortwahl, Häufigkeit von Pausen oder auch des Sprechtempos auf den Mitarbeiter einzustellen, um nur drei von vielen Anpassungsmöglichkeiten zu erwähnen, die dem Königsweg zu Grunde liegen.

Jeder Mitarbeiter hat seinen eigenen Kommunikationsstil, auf den man sich als Führungskraft einstellen muss. Und jeder Mitarbeiter hat sein eigenes Bedürfnis, wie er geführt werden möchte und letztlich auch geführt werden muss. Führungskräfte, die nicht in der Lage sind, sich auf die jeweiligen Mitarbeiter einzustellen, riskieren, dass sie jene am Ende verlieren; entweder, weil diese offiziell kündigen, oder weil sie innerlich kündigen. So oder so reduziert mangelnde Anpassung in der Kommunikation in aller Regel die Leistungsfähigkeit der Mitarbeiter. Damit kostet mangelnde Anpassung in der Kommunikation eben meistens Geld!

2.2.1.5.2 Anpassungskonsequenz im Management

Das Management ist dazu da, ziellogische Entscheidungen zu treffen. Um Entscheidungen treffen zu können, muss man die Situation in Bezug auf den Soll-Zustand analysieren und hinterher die passende Methode bzw. Handlungen wählen, um das Delta zwischen „Soll" und „Ist" zu schließen. Doch wenn Manager sowohl in der Analyse als auch im Handeln auf eine situationsgebundene Anpassung verzichten und in ihren Vorgehensweisen lieber auf altbekannte Muster zurückgreifen, werden positive Ergebnisse gefährdet und enden nicht selten im finanziellen Fiasko. Auch der Erfolg der Manager lebt demnach von Anpassung der Methode und der Handlung.

2.2.1.5.3 Das Problem mit der fehlenden Anpassungskonsequenz

Doch genau hier zeigt die Praxis, dass es in den Führungsetagen häufig an Konsequenzen mangelt. Entscheidungen werden gar nicht oder zu spät gefällt oder werden danach wieder umgeworfen. Und wenn entschieden wurde, wird meist kein Entschluss daraus, der sich von der Entscheidung darin unterscheidet, dass er eben in ziellogischen Handlungen im Sinne der Entscheidungen mündet.

Der Klassiker ist die Korrektur der Fehlentscheidung einer Mitarbeitereinstellung: Irgendwann wird offensichtlich, dass Mitarbeiter auf der zugewiesenen Stelle eine Fehlbesetzung darstellen. Dennoch trennt man die Mitarbeiter nicht von der jeweiligen Stelle. Stattdessen gibt man sich in der Regel der Hoffnung hin, dass es sich irgendwann, irgendwie auf wundersame Weise bessern wird. Dies geschieht in deutschen Unternehmen jeden Tag tausendfach.

Ebenso gang und gäbe ist es in vielen Unternehmen, dass Mitarbeiter, die eine herausragende Leistung erbringen – ob nun einmalig oder jeden Tag – keine Konsequenzen erfahren. Auch jene, die eben nur einen Bruchteil leisten, erfahren häufig keine Konsequenzen. Vor allem mangelnde Konsequenzen bei jenen Mitarbeitern, die ihren Job schlicht nicht erfüllen, führen regelmäßig zu Frust bei jenen, die deutlich mehr machen, als sie müssten.

Fehlende Konsequenz lässt sich auch nach Weiterbildungen feststellen, die Führungskräfte besucht haben. Viele Führungskräfte erkennen in Weiterbildungsmaßnahmen sehr wohl, wo ihre Defizite sind und sie erhalten in guten Seminaren oder Workshops auch entsprechende Strategien und Konzepte, um ihre Entwicklungsfelder abzubauen. Doch meist bleibt es bei dieser Erkenntnis und endet bei vielen Führungskräften damit, dass sie zwar diese Erkenntnis fortan in sich tragen, jedoch keine Anpassungs-Konsequenz an den Tag legen. So ist zu erklären, weshalb sich im Verhalten vieler Führungskräfte in der deutschen Führungslandschaft nichts verändert. So kann man konstatieren, dass die meisten Führungskräfte zwar für sie kostenlos an solchen Weiterbildungsmaßnahmen teilnehmen, jedoch leider auch umsonst dabei waren.

2.2.1.5.4 Das Problem mit den falschen Konsequenzen

In vielen Fällen wird in Unternehmen gar nicht reagiert, selbst dann, wenn offensichtlich Schaden droht. In einigen Fällen wiederum wird in vielen Unternehmen dann sehr schnell, heftig, und nicht selten völlig überzogen reagiert. Da werden dann bei einem fehlerhaften Verhalten eines Einzelnen plötzlich alle Mitarbeiter bestraft und für die Zukunft eingeschränkt. Um diese Aussage zu verdeutlichen, möchten wir drei Praxisbeispiele aufzeigen, die wir selbst erlebt haben.

Beim ersten Beispiel handelt es sich um eine Geschichte innerhalb eines großen Konzerns. Ein Mitarbeiter war auf Dienstreise und entschloss sich ein Taxi zu nehmen, anstelle der Betriebsintern vorgeschrieben öffentlichen Verkehrsmittel. Dies tat er, weil die öffentlichen Verkehrsbetriebe am Tag der Anreise gestreikt haben. Im Anschluss zeigte sich die prüfende Dienststelle von dieser Regelwidrigkeit entsetzt und meldete, ohne die Hintergründe dieser Entscheidung zu untersuchen, dieses Vorgehen unverzüglich der vorgesetzten Stelle. Durch einen Zufall erfuhr nun auch der Vorstand davon. Dieser zeigte sich genauso entrüstet und ordnete sofort per Dienstanweisung an, dass das Benutzen von Taxis fortan grundsätzlich verboten sei. Nach herausgegebener Order stieg derselbe Vorstand übrigens im Anschluss wie selbstverständlich in ein Taxi.

Das zweite Beispiel handelt von einem Mittelstandsunternehmen im Jahr 1999. Dort wurde die Geschäftsleistung durch eine Vertriebsmitarbeiterin „überzeugt", dass Drucker schlecht wären für die Produktivität. Ihre Argumentation lautete wie folgt:

Wenn es in jedem Büro einen Drucker gäbe, würden die Mitarbeiter ja alle ständig drucken, ohne darauf zu achten, ob der Druck notwendig sei. Dies führe dazu, dass die Firma riesige Druckkosten zu tragen hätte und diese könne man doch einsparen. Sie hätte da eine Lösung wie man ein gewaltiges Einsparpotenzial realisieren könne.

Die Lösung des gewaltigen Einsparpotenzials lag in einem zentralen Druckerraum mit zwei Druckgeräten. Dadurch, dass sich die Drucker künftig an einer zentralen Stelle befinden würden, komme es automatisch zu einer Reduzierung der Druckkosten, so die weitere Argumentation. Man dürfe darüber hinaus nicht vergessen, dass allein die Wartung der Drucker in den Arbeitsräumen schon ein Vermögen kostet.

Die beiden Geschäftsführer nahmen die Idee und die Argumentationen inkl. der Annahmen sofort begeistert auf. Man beauftragte das Controlling (bzw. das, was sich dafür hielt) unverzüglich mit der Bereitstellung aller Papierkosten, und stellte fest, dass sich allein die Papierkosten auf 25.000 DM pro Jahr beliefen. Kurz darauf wurde der Vertrag unterzeichnet, bei dem man zwei zentrale Drucker bestellte. Das Investitionsvolumen betrug insgesamt 45.000 DM.

Die Drucker wurden bestellt und strategisch günstig platziert. Tatsächlich sanken die Druckerkosten um 10.000 DM pro Jahr. Man zeigte sich zufrieden.

Allerdings trat ein Phänomen auf, das niemand bedacht hatte und das weitaus mehr Geld vernichtete, als die Senkung der Papierkosten erbrachte: 150 Mitarbeiter hatten nun insgesamt 2 Drucker zur Verfügung. Diese lagen so „strategisch günstig", dass alle Mitarbeiter zwangsläufig ihren Arbeitsplatz bzw. Büroraum verlassen mussten.

Um zum Drucker zu gelangen, musste jeder Mitarbeiter, der einen Druckauftrag auslöste, nun den langen Flur herunterlaufen. Das waren teilweise für einige Mitarbeiter weit über 100 Meter (es handelte sich um ein sehr altes Gebäude mit wirklich beeindruckenden Fluren). Als wir die Zeit für einen solchen Druckertrip stoppten, kamen wir bei einigen Mitarbeitern auf gute drei Minuten hin und zurück. Dies mag sich nach wenig anhören, summierte sich jedoch schnell. Hinzu kam, dass der jeweilige Drucker stets von jemand anderem belegt wurde, so dass es zu erheblichen Staus und demzufolge zu erheblichen Wartezeiten kam. Eine Mitarbeiterin kam nun also zum Drucker, stellte fest, dass er noch durch vier andere Druckaufträge belegt war, und entschied sich, die lange Strecke nicht ohne ausgedruckte Blätter zurückzulegen. Also wartete sie 10 Minuten mit vier Kollegen darauf, dass ihr Druckauftrag endlich dran war. Zählte man die Zeiten zusammen, in denen die Mitarbeiter vollkommen unproduktiv zusammen am Drucker standen und sich über den Urlaub unterhielten, kamen weit über 1000 Stunden pro Jahr zusammen. Viele Mitarbeiter gingen irgendwann auch einfach zum Drucker, um sich zu unterhalten, denn man konnte sich sicher sein, dass während den Kernarbeitszeiten stets jemand am Drucker wartete und gesprächsbereit war.

Bei einem internen Kostenleistungssatz von 50 DM pro Stunde kamen also über 50.000 DM unnötige Kosten zusammen. Die Laufzeit der beiden Geräte betrug fünf Jahre. Demnach lag allein die lineare Abschreibung der beiden Geräte bei 18.000 Jahr. Hinzu kam die Wartungspauschale von 7000 DM pro Jahr. Die Gesamtkosten beliefen sich also auf 75.000 DM pro Jahr. Die Einsparung belief sich auf 10.000 DM pro Jahr.

Doch diese Posse wurde nicht etwa beendet, nachdem offensichtlich wurde, wie unsinnig das ganze Projekt war. Es wurde stattdessen ein weiterer zentraler Drucker angeschafft, der noch größer und damit preisintensiver war, jedoch das doppelte an Kapazität schaffte, um die Wartezeit zu verringern.

Die reduzierte sich in der Folge von den 1000 Stunden pro Jahr um rund 200 Stunden auf 800 pro Jahr. Die Wartungspauschale erhöhte sich von 7000 auf 11.000 DM und die lineare Abschreibung betrug danach für alle drei Geräte 30.000 DM. Die gesamten Kosten waren nach der dritten Anschaffung also bei 81.000 DM.

Das dritte Beispiel ist nicht explizit auf ein Unternehmen bezogen. Vielmehr beobachten wir dieses Phänomen seit vielen Jahren. Ein weiterer Klassiker in den Unternehmen ist die „Kaffee- und Kekskürzung". Diese erfolgt traditionell im Herbst, wenn plötzlich deutlich wird, dass die (nicht selten überzogenen) prognostizierten Planzahlen nicht wirklich erreicht werden können. Das ist der Moment, in dem üblicherweise Sparmaßnahmen ausgerufen werden. Eine der ersten Sparmaßnahmen sind fast immer die Kekse und der Kaffee bei Meetings. Häufig bezieht das auch Meetings ein, bei denen Kunden geladen werden, ohne darüber nachzudenken, was dies für einen Eindruck hinterlässt, wenn man als Kunde oder externer Gast noch nicht mal einen Kaffee angeboten kriegt.

Diese Art der Konsequenz ist deshalb so absurd, weil sich die Einsparungen meist maximal im 5-stelligen Bereich befindet, während an anderen Stellen das Geld mit vollen Händen weiter „verbrannt" wird.

All drei Beispiele zeigen, dass falsche Anpassungen genauso schädlich sind, wie keine Konsequenzen. Die Folgen in Bezug auf die Glaubwürdigkeit der Geschäftsleitung und damit auch auf die Motivation der Mitarbeiter waren jeweils verheerend.

2.2.2 Unfähige Führungskräfte als mögliche Ursache

Führungskräfte müssen nach Dobler (2019) mit Hilfe von Mitarbeitern Ziele erreichen. Geführt wird mit Hilfe von Kommunikation. Will eine Führungskraft also effektiv (= erfolgreich) führen, benötigt sie logischerweise auch eine effektive Kommunikation. Um effektiv zu kommunizieren, benötigt die Führungskraft wie in Abschn. 2.1 ff. beschrieben KLARA: Klarheit, Lösungsorientierung, Achtsamkeit, Respekt und Anpassungskonsequenz. Beherrscht eine Führungskraft diese Erfolgsfaktoren, ist die Wahrscheinlichkeit hoch, dass sie wirksam führt und ihre Mitarbeiter dazu bringt, die ziellogischen Entscheidungen umzusetzen.

Doch was ist, wenn eine Führungskraft die Formel KLARA nicht verstanden hat oder sie zumindest theoretisch versteht, in der Praxis aber nicht beherrscht? Was ist, wenn eine Führungskraft eben keine ziellogischen Entscheidungen fällt? Dann werden entweder die richtigen Entscheidungen nicht oder falsch umgesetzt oder die falschen Entscheidungen werden schlimmstenfalls gut und schnell umgesetzt. In beiden Fällen sind kostenintensive Resultate vorprogrammiert (Dobler 2019).

Hier wird es schwer, die Quelle für Schlechtleistung von Mitarbeitern tatsächlich zu eruieren, denn mit solchen Vorgesetzten ist die Leistungserbringung auch für einen High Performer deutlich erschwert.

2.2.3   Der Führungsstil als mögliche Ursache

Das Thema „Führungsstil" wird immer wieder kontrovers und zum Teil sehr heftig diskutiert. Kurt Lewin als einer der Begründer dieser Thematik proklamierte die drei Führungsstile „Autoritäre Führung", „Demokratische Führung" und „Laisser-faire-Führung" (Lewin et al. 1939). Diese drei Urtypen des Führungsstils finden sich noch heute in den BWL-Lehrbüchern. In den 1950er-Jahren wurden weitere Führungsstile definiert, die im Laufe der Jahre immer wieder ergänzt, abgeändert oder vollkommen erneuert wurden. So kamen der demokratische und der kooperative Führungsstil dazu (vgl. auch Wunderer und Grunwald 1980). Die wissenschaftliche Grundlage dieser Führungsstile lieferte die Psychologie, genauer gesagt der Behaviorismus.

Das Konglomerat verschiedener führungsrelevanter Verhaltensweisen macht demnach den Führungsstil aus.

In der sog. Ohio-Studie konnte man folgende zwei unterschiedliche und übergreifende Dimensionen extrahieren, die Aufgabenorientierung und Mitarbeiter- bzw. Beziehungsorientierung (vgl. Berthel und Becker 2007).

Diese Sicht spiegelt sich auch heute noch in vielen Führungsstilmodellen wider. Neuberger (2002) betrachtete die Führungsstile nach den Dimensionen und unterteilt diese in eindimensionale, zweidimensionale und dreidimensionale Führungsstile.

Es gibt weitere Ansätze in der Führungsforschung, wie den situativen Führungsstil nach Hersey und Blanchard (1982), das St. Galler-Managementmodell bzw. -konzept (vgl. Hoffmann et al. 2016) oder auch die Kontingenztheorie, die in der Unternehmensführung einen Fokus auf die persönlichen Charakteristika der Führungskraft und dessen Beziehung zum Mitarbeiter legt.

Man gewinnt den Eindruck, dass in regelmäßigen Abständen immer neue Patentlösungen in Aussicht gestellt werden, wie man Mitarbeiter führt, sie motiviert und zu Höchstleitungen antreibt. Exotische Bezeichnungen wie „enzymischer Managementstil", „transformaler Führungsstil", „Führungskontinuum" und „transaktionaler Führungsstil" machen deutlich, welche wilde Blüten dieser Forschungszweig mittlerweile treibt.

Es sind der wissenschaftlichen Forschung selbstverständlich viele Erkenntnisse zu verdanken. Doch ein Großteil dieser Theorien wurde an Universitäten in einem theoretischen, normativen Ansatz entwickelt. Es handelt sich um normative Ansätze, was im Zusammenhang mit der Führung von Mitarbeitern auf Unternehmensebene nichts anders sein kann als eine Wunschvorstellung. Diese Wunschvorstellungen haben nun den eklatanten Nachteil, dass sie auf Modellen und Annahmen basieren, die es in der Praxis so nicht gibt. Daher mag es auch nicht verwundern, dass ein Großteil der Führungskräfte den meisten Modellen und Theorien eher skeptisch gegenüberstehen: „Blanke Theorie, in der Praxis läuft alles ganz anders!" ist einer der häufigsten Kommentare, den wir in Unternehmen zu hören bekommen.

Aus diesem Grund haben wir schon vor Jahren (Dobler 2016) die Frage gestellt, woher eigentlich dieses auffällige Unvermögen der Führungsforschung kommt, Theorie und Praxis in Übereinstimmung zu bringen.

Der Kern einer jeden Führungstheorie ist der Mensch. Jeder Mensch verfügt über eine hochkomplexe Psyche, die sich in der jeweiligen Persönlichkeitsstruktur manifestierest. Persönlichkeitsstrukturen sind nun wissenschaftlich äußerst schwer zu erfassen und zu beschreiben, da sie sich sequenziellen Prozessen und wiederkehrenden Mustern zu entziehen vermögen. Das macht sie prinzipiell unberechenbar, bei dem einen Mitarbeiter mehr, bei dem anderen weniger. Normative Theorien im Allgemeinen und besagte Führungsmodelle im Besonderen basieren jedoch allesamt auf der Berechenbarkeit des Untersuchungsgegenstandes (Dobler 2016), und dies ist nun mal nicht gegeben.

Der Grund, weshalb Führungstheorien also auf dem Papier funktionieren (zumindest jene mit der notwendigen Schlüssigkeit), in der Praxis jedoch regelmäßig scheitern, liegt nach Dobler (2016) vor allem daran, dass der hochkomplexe Faktor „Mensch" zu pauschal oder gar nicht berücksichtigt wird.

Ursächlich hierfür könnte sein, dass viele Forscher der Wirtschaftswissenschaften und in der Psychologie wenig bis gar keine Führungserfahrung in der freien Wirtschaft haben (Dobler 2016, S. 10). Und wenn sie sich doch mal in die Praxis wagen, kann man über manche Studie nur den Kopf schütteln: Zum Beispiel beschäftigen sich viele empirische Untersuchungen mit der Mitarbeiterzufriedenheit. Es wird dann nachgewiesen, dass Unternehmen, die wirtschaftlich erfolgreicher sind als andere vergleichbare Unternehmen, auch in ihrer Mitarbeiterzufriedenheit überdurchschnittlich gut abschneiden.

Auch diese Studien brachten eine Reihe von sogenannten Experten auf den Plan, die sich dazu äußerten, welche Art der Führung einen Mitarbeiter am besten motiviert, um damit automatisch die Zufriedenheit zu steigern. Dabei wird jedoch außer Acht gelassen, dass zwischen Mitarbeiterzufriedenheit und Mitarbeitermotivation nicht zwingend eine Korrelation besteht. Ebenso wird davon ausgegangen, dass ein Führungsstil für alle Menschen gleichermaßen motivierende oder demotivierende Auswirkungen hat. Beides ist so nicht richtig, dafür genügt ein gründlicher Blick in die Führungspraxis.

Aus unserer Sicht liegt der Zweck einer jeden Führung von Mitarbeitern darin, die vorhandenen Potenziale optimal zu fördern, zu fordern und zu nutzen.

Es liegt auf der Hand, dass jeder Führungsstil auch stets die Mitarbeiter dazu benötigt, die sich mit dem jeweiligen Führungsstil auch führen lassen. Das bedeutet auch, dass jeder Führungsstil immer jene mitberücksichtigt, die auf die Art des Stils auch ansprechen. Demnach könnte man ein metaphorisches Bild heranziehen und Führungsstile mit einer Art Laubrechen vergleichen. Dabei symbolisiert das Laub die Mitarbeiter, der Rechen mit seiner ganzen Breite den Führungsstil (Dobler 2016).

„Laub" was sich also innerhalb des Rechens befindet, wird logischerweise auch mitgenommen, der Rest bleibt jedoch liegen. Je enger also die Rechenbreite, desto mehr Laub bleibt liegen. Je enger also der Führungsstil, desto weniger Mitarbeiter können mitgenommen werden.

Aus unserer Sicht hat eine Führungskraft grundsätzlich zwei Möglichkeiten:

„Entweder sie tauscht die vorhandenen Mitarbeiter solange aus, bis nur noch solche vorhanden sind, die mit dem aktuellen Führungsstil zurechtkommen oder sie muss ihre Art zu führen eben den jeweiligen Mitarbeitern solange individuell anpassen, bis jeder einzelne Mitarbeiter sein Potential zur Verfügung stellen kann, wenn das erstere nicht möglich ist." (Dobler 2016, S. 10)

Wenn dies jedoch nicht umsetzbar ist oder nicht gewollt ist, offenbart dies eine weitere Quelle für Schlechtleistung, denn wenn Führungskräfte ihren Führungsstil nicht dem jeweiligen Mitarbeiter anpassen können bzw. wollen und wenn ein Mitarbeiter mit dem Stil der Führung nicht zurechtkommt, wird seine Leistung nahezu zwangsläufig sinken.

Doch woran liegt es aber, dass so viele Führungskräfte nicht erfolgreich kommunizieren und damit auch nicht erfolgreich (=wirksam) führen?

Wir bemühen noch einmal einen Vergleich aus der Seefahrt: Schiffskapitäne können noch so sehr über die stürmische See klagen, das schlechte Wetter, die demotivierte Mannschaft oder den ganz überraschenden Sturm, in den man hineingeraten ist. Auch gibt es unter Umständen Felsen, die „plötzlich" auftauchten und nun ihr Schiff zum Kentern bringen können. Wieso aber gerät ein kleines oder großes Schiff überhaupt in eine Schieflage, in einen Orkan, weshalb schlägt es leck? War es die Reederei, die den Kapitän und seine Offiziere in den Sturm trieb? Ist die zu schwere Ladung schuld? Versagte die Mannschaft?

In der Betrachtung von Fehlleistung gibt es drei entscheidende Faktoren, die sich gegenseitig bedingen und über Erfolg oder Misserfolg von Führung entscheiden:

1. die Befähigung oder Eignung der Führungskraft (des Kapitäns);
2. die Bedingungen innerhalb des Unternehmens (des Schiffs), in dem sich jede Führungskraft bewegen muss;
3. die Bedingungen auf dem Markt (der See) als äußerer Umgebung.

Je schlechter es um einen dieser Faktoren bestellt ist, desto geringer ist die Chance auf Erfolg. Trifft eine Führungskraft mit unzureichenden Fähigkeiten auf schlechte Marktbedingungen und unzureichende interne Bedingungen, ist eine Katastrophe nahezu vorprogrammiert. Die nähere Beleuchtung der Umstände offenbart meist eines rasch: vieles ist hausgemacht.

Es ist die operative Unternehmensleitung, die Führungskräfte aussucht, die internen Regeln und Leitlinien festlegt und damit die Unternehmenskultur bestimmt und prägt.

Es ist die operative Unternehmensleitung, die durch ein Zaudern unhaltbare Zustände ermöglicht und unfähige Führungskräfte trägt.

Es ist die operative Unternehmensleitung, die zwar nicht den Markt, aber den Kurs innerhalb des Marktes bestimmt und so maßgeblich beeinflusst. Damit wird die alte Weisheit bestätigt: „Der Fisch fängt immer am Kopf an zu stinken."

Die folgenden Abschnitte erforschen die ersten beiden Faktoren erfolgreicher Unternehmensführung: die Eignung der Führungskraft und ihre erfolgreiche Integration ins Unternehmen mit seinen internen Bedingungen.

2.2.4 Exkurs I: Weshalb es besser ist, keine Führungskraft einzustellen, als die falsche

Viele Personalexperten proklamieren, dass es wesentlich schlimmer sei, den „richtigen" Mitarbeiter zu übersehen, als den „falschen" einzustellen. Die Begründung klingt zunächst einleuchtend: Stelle man den falschen Mitarbeiter ein, so ließe sich diese Entscheidung nach Feststellung der mangelnden Eignung problemlos korrigieren, während der „richtige" Mitarbeiter in der Regel nicht mehr zur Verfügung steht, wenn man sich einmal gegen ihn entschieden habe. Eine Korrektur sei demnach in diesem Falle nicht mehr möglich. Da Führungskräfte normalerweise auch Mitarbeiter sind, gilt diese Argumentation auch bei der Auswahl von Führungskräften.

Doch diese Sicht greift in Wirklichkeit nur die alte Frage wieder auf, ob ein faules Ei besser sei als gar keines. Die „falsch"-Fraktion, also jene, die lieber die falsche Führungskraft einstellen, als die Stelle im Zweifelsfall noch unbesetzt zu lassen, begründen ihr Handeln damit, dass der Schaden, die Stelle unbesetzt zu lassen, größer sei, als jener, sie mit der „falschen" Führungskraft zu besetzen. Zudem gäbe es ja die Probezeit und die berechtigte Hoffnung, dass sich der Kandidat der Wahl im Laufe der Zeit noch weiterentwickeln könne. Das ist zunächst nachvollziehbar. Doch stellen wir uns einmal als Alternative zu der Option, die falsche Führungskraft eingestellt zu haben, die Option vor, die Position vakant zu lassen.

Dazu eine Frage vorweg: Was ist das Ziel eines jeden Unternehmens, und was sind Aufgaben- und Zielstellung einer jeden Führungskraft?

Das Bestreben nahezu jedes Unternehmens ist es, mehr zu erwirtschaften, als es investiert hat. Das Ziel ist die Steigerung der Rendite durch Wertschöpfung. Dies geschieht durch Wertschöpfungsketten, an deren Ende die Herstellung von Produkten oder Dienstleistungen steht. Die Mittel dazu sind Umsatz, Kundenbindung und letztlich Gewinn bzw. Cashflow. Die Rendite ist umso höher, je geringer die Herstellungskosten bzw. der Einkaufspreis ausfallen. Dies alles zu gewährleisten ist Führungsaufgabe.

Die Wertschöpfungsketten werden nach wie vor von Mitarbeitern erzeugt. Wo Mitarbeiter sich zusammenfinden, um ein Ziel (Rendite) zu erreichen, muss jede Einzelleistung koordiniert und gebündelt werden. Man muss also gewissermaßen dafür sorgen, dass alle Menschen in einem Ruderboot auch tatsächlich in dieselbe Richtung rudern. Erst dann ist das Boot steuerbar. Das zu erreichen ist Aufgabe der Führungskräfte.

Ziele erreicht man nur durch ziellogische Handlungsstränge. Demnach muss eine Führung zunächst die richtigen Entscheidungen (im Sinne der Zielsetzung) treffen, um im Anschluss die Mitarbeiter so zu koordinieren, zu bündeln und zu „motivieren",[2] dass die Unternehmensziele erreicht werden. Wenn wir ein Unternehmen, wie bereits geschehen, mit einem Schiff vergleichen, und die Führungskraft mit dem Kapitän, dann wird schnell klar, dass das Schiff nie im Zielhafen ankommt, wenn

---

[2] Der Autor ist der Ansicht, dass Mitarbeiter den Großteil der Motivation selbst mitbringt und die Führungskraft diese möglichst nicht zerstören sollte.

sich die Reederei für einen Kapitän entscheidet, der keine ziellogischen Entscheidungen fällen kann.

Ebenso wird deutlich, dass ein Kapitän, der die Motivation seiner Mannschaft sukzessive demontiert, die Leistung des Schiffes drastisch senkt und somit die Gefahr massiv erhöht, beim nächsten Sturm unterzugehen. Ein Kapitän, der sein Schiff sehenden Auges in einen Orkan steuert, weil er Warnungen des Wetterdienstes oder seiner Navigatoren ignoriert, wird das ihm anvertraute Schiff ebenfalls verlieren. Jener Kapitän, der einen Koch zum Maschinisten macht oder einen Maschinisten als Offizier einsetzt, wird und kann die notwendige Leistungsfähigkeit seiner Mannschaft nicht gewährleisten. Wenn er einen bedeutenden Teil der Mannschaft auf den falschen Posten einsetzt, wird das Schiff mit hoher Wahrscheinlichkeit Schiffbruch erleiden.

Fazit: Je ungeeigneter die Führungskräfte, desto höher das Risiko eines Totalausfalls. Und um auf unsere alte Frage zurückzukommen: Ein faules Ei schadet meist mehr, als es nutzt. Bei der Auswahl von Führungskräften geht es nicht darum, die richtige Wahl zu garantieren, vielmehr geht es darum, die falsche Wahl zu verhindern oder zumindest schnellstmöglich zu korrigieren.

2.2.5   Exkurs II: Wieso die meisten Führungskräfte-Entwicklungen sinnlos sind

Erfolgreiches Führen erreicht, dass Mitarbeiter wirklich folgen. Wie wir feststellten, bedeutet das: Mitarbeiter fördern und von ihnen fordern. So einfach ist das.

Ist es das? Dann könnte es ja schließlich auch jeder in kurzer Zeit erlernen, ähnlich wie das Autofahren oder das Tauchen.

Die Praxis lehrt immer wieder eindrücklich etwas anderes. Ihre Lehrstunden gehen allerdings zu Lasten des Unternehmens und meist auf Kosten der Motivation der Belegschaft. Oft sind damit teure Irrtümer und reale Katastrophen verbunden. Der Kardinalfehler liegt bereits in der falschen Auswahl der Führungskräfte. So werden zum Beispiel häufig besonders fleißige oder auf ihrem Fachgebiet erfolgreiche Mitarbeiter zu Führungskräften ernannt. Das ist in etwa so, als ob gute Schiffs-

Maschinisten plötzlich, und ohne die dazugehörige Ausbildung, zu Navigatoren erhoben werden, mit all den dazugehörigen Pflichten und Verantwortungen.

Doch auch die Auswahl aus einer Anzahl externer Bewerber schützt nicht vor Irrtum. Denn nicht wenige Unternehmen fallen auf die zahlreichen „Barone von Münchhausen" herein, die sich am Markt besonders gut verkaufen (können). Ursächlich für diesen Reinfall ist entweder die Unterschätzung der Bedeutung dieser Entscheidung oder die Überschätzung der eigenen Urteilskraft.

In den meisten Fällen wird die Auswahl von Entscheidern getroffen, die mit den Mitteln und Möglichkeiten der Potenzialanalyse nicht vertraut sind. Die Analogie dazu zeigt den Bauherrn eines komplexen Baus, der sich den Statiker spart, weil er der Überzeugung ist, er könne die Statik selbst berechnen. Es wird eine persönliche Interpolation erzeugt, die vom bisherigen Verhalten eines Mitarbeiters auf seine Fähigkeiten zur Führung schließt.

So werden aus Maschinisten Offiziere, die dann zum Nachwuchsführungskräfte-Training geschickt werden, im Glauben, dass sich das notwendige Wissen in ein oder zwei Tagen problemlos vermitteln ließe. Die Resultate dieser Auffassung sind täglich in vielen Unternehmen zu begutachten (Dobler und Hoffmann 2015). Gerade Ingenieure sind unserer Erfahrung nach oft der Ansicht, dass „das bisschen" Betriebswirtschaftslehre nicht so schwer sein könne und man sich das notwendige Wissen dazu problemlos in einem Zweitagesseminar aneignen könne. Zur Erinnerung: Ein Studium der Betriebswirtschaftslehre dauert fünf Jahre, so wie die meisten Ingenieursstudiengänge.

Im Gegensatz dazu kommen Menschen, die BWL studiert haben, selten auf die Idee, „das bisschen" Ingenieurskunst in einem Zweitagesseminar nachzuholen. Und wer jemals geführt hat, weiß, wie anspruchsvoll und schwer es ist zu führen. Und er oder sie weiß, dass man Führung genauso wenig wie Betriebswirtschaft innerhalb von zwei Tagen erlernen kann.

Viele Führungskräfte sind auch von ihrer Persönlichkeit oder ihrer Motivationslage her gar nicht geeignet zu führen. Keiner käme je auf die Idee in eine Ausbildung zum Kapitän zur See zu investieren, wenn derjenige, der das Schiff künftig steuern soll, unter der Seekrankheit leidet,

Hemmungen hat, Befehle zu erteilen, keine sicheren und schnellen Entscheidungen fällen kann oder ihm die Seefahrt überhaupt zuwider ist.

Dann würde nämlich all das wertvolle Wissen zwischen den mangelnden Voraussetzungen sinnlos versickern.

2.2.6 Exkurs III: Die Frage, inwieweit Führung erlernbar ist

Die Kontroverse darüber, ob Führungseigenschaften erlernbar oder angeboren sind, ist lang und ebenso ermüdend wie entbehrlich. So benötigt ein Mensch zum Beispiel für das Erlernen des Geigenspiels gewisse Voraussetzungen, zumindest eine gesunde und voll funktionsfähige linke Greifhand. Solche Anforderungen gelten auch für andere Künste und Sportarten in ihrer jeweils eigenen Ausprägung. Ähnlich ist es mit kompetenter Führung. Selbstverständlich kann man Führungsverhalten erlernen (vgl. Fieger und Fieger 2018). Doch der notwendige Schritt von der Theorie zur Praxis ist nur dann erfolgreich, wenn gewisse persönliche Voraussetzungen (Eigenschaften, Fähigkeiten) vorhanden sind. Ist die Greifhand defekt, ist das Erlernen des Geigenspiels grundsätzlich nicht möglich. Ähnlich ist das mit der Führung.

Im unternehmerischen Alltag können viele der nötigen Eigenschaften und Fähigkeiten antrainiert und so die Voraussetzungen dafür geschaffen werden, Führungsinstrumente anzuwenden. Doch viele Persönlichkeitseigenschaften sind im Laufe des Lebens internalisiert worden und deshalb tief verankert (vgl. auch Kandler 2013). Das Ablegen solcher Eigenschaften und Angewohnheiten kann nur über einen längeren Zeitraum erfolgen, ähnlich wie man dem Ast eines Baumes nur behutsam durch Spanngurte über Monate und Jahre hinweg eine andere Richtung geben kann. Jeder Versuch, den Ast schnell und mit hoher Kraft zu biegen, führt unweigerlich zu seinem Brechen. Menschen, welche die für eine Führungsposition förderlichen Eigenschaften und Fähigkeiten nicht mitbringen, können sich diese Voraussetzungen im Laufe der Zeit sicher antrainieren. Es stellt sich aber die Frage, ob ein Unternehmen die Zeit und die monetären Mittel aufbringen will und kann, diesen langen Weg zu begleiten. Das mag der Grund dafür sein, dass viele Unternehmen den

Fokus auf die bei einem Bewerber oder internen Kandidaten bereits vorhandenen Eigenschaften und Fähigkeiten zur Führung legen.

Doch welche Eigenschaften sind für eine Führungskraft grundlegend und förderlich? Der Streit darüber treibt bisweilen bizarre Blüten, die sich als Beschreibung mitunter recht fragwürdiger Eigenschaften in der „Welt der psychologischen Tests" finden. Darunter fallen solche Merkmale wie Kommunikationsbereitschaft, Durchsetzungskraft oder Teamfähigkeit.

Die Erkenntnis darüber, inwieweit jemand „Kommunikationsbereitschaft" besitzt, sagt leider nichts darüber aus, ob und inwieweit der Kandidat auch kommunizieren kann. Der allseits beliebte Begriff „Durchsetzungskraft" kennzeichnet, für sich genommen, lediglich die Kraft, sich gegen andere durchzusetzen, also die Kraft, etwas gegen deren Willen zu tun. Führungskräfte führen jedoch nur, wenn Mitarbeiter ihnen folgen. Wäre es da nicht sinnvoller, die kommunikative Stärke der Überzeugung zu prüfen, statt die Kraft des Antreibens herauszustellen?

Der Begriff „Teamfähigkeit" ist ebenfalls problematisch, denn er ist kaum definierbar und für eine Führungskraft zunächst kaum relevant. Nicht selten wird Teamfähigkeit mit dem sogenannten kollegialen Führungsstil in Verbindung gebracht. Dieser Versuch, eine Korrelation zwischen den beiden Begriffen herzustellen, ist gewagt und irritierend, denn er impliziert, dass Führungskräfte, die einen anderen Stil pflegen, nicht „teamfähig" sind.

Die Forderung nach einem bestimmten Führungsstil berücksichtigt nicht, dass jeder Führungsstil auch entsprechende Mitarbeiter braucht, die diesem auch folgen. Was ist aber mit jenen, die sich mit dem „kollegialen Führungsstil" nicht führen lassen?

Die Liste der nicht sachdienlichen Begriffe könnte ohne große Mühe erweitert werden. Doch schon diese drei Beispiele zeigen deutlich, dass viele geprüfte Eigenschaften nicht zielführend sind und damit entbehrlich, wenn nicht sogar schädlich werden, wenn es um die Bestimmung von Führungspotenzial geht.

Doch welche Voraussetzungen sind dann für die Wahl einer Führungskraft relevant, förderlich, günstig?

2.2.7 Exkurs IV: Voraussetzungen, die eine Führungskraft mitbringen muss

Für eine Prüfung von Fähigkeit und Potenzial können nachfolgend genannte Kriterien als Erfolgsfaktoren gelten, eingeteilt in insgesamt vier Gruppen.

Sie sind für jede Ergebnisstelle[3] relevant, insbesondere aber für Führungspositionen ab der mittleren Ebene.

2.2.7.1 Gruppe 1: Sozial- und Kommunikationskompetenz

In einem Unternehmen als sozialem Gefüge interagieren Menschen miteinander. Interaktionen bringen zwangsläufig Reibungen mit sich. Jeder Mensch besitzt als Individuum seinen eigenen Charakter mit Lebens- und Arbeitsrhythmus, Vorlieben und Wertvorstellungen. Persönliche Eigenschaften eines Mitarbeiters sind selten mit denen aller anderen in vollem Umfang kompatibel. Diese Tatsache muss in der täglichen Führungskommunikation berücksichtigt werden (vgl. auch Pekdemir 2005).

Sozial- und Kommunikationskompetenz gehört damit nicht, wie oft angenommen, zu den sogenannten Softskills, sondern zu den fachlichen Kompetenzen, den Hard Facts. Ihr Fehlen auf Führungsebene vernichtet Potenziale, Motivation – letztlich Geld. Für die dauerhaft erfolgreiche Führung eines Unternehmens ist sie eine Kernkompetenz. Die Erfolgsfaktoren für sozial- und Kommunikationskompetenz sind, wie bereits erwähnt, Klarheit, Lösungsorientierung, Achtsamkeit, Respekt und Anpassungskonsequenz.

---

[3] Bei einer Ergebnisstelle erhält der Mitarbeiter ein klares Ergebnis, das erreicht werden soll. Er ist gezwungen, die passende Methodik zu finden und diese der jeweiligen Situation anzupassen. Im Gegensatz dazu erhält der Mitarbeiter bei einer Strukturstelle einen festgelegten Ablauf, den er einhalten muss. Bei Einhaltung der Ablaufstruktur erscheint am Ende das gewünschte Ergebnis. Die Einhaltung der Methodik ist hier vorrangig und das Ergebnis eine Zwangsläufigkeit. Bei der Ergebnisstelle ist die Zielsetzung vorrangig und die Methode eine Zwangsläufigkeit. Aus dieser Unterscheidung ergeben sich jeweiligen Anforderungen an den Mitarbeiter.

2.2.7.2   Gruppe 2: Zielmethodik/Kognition

Führungskräfte sind meist Inhaber einer Ergebnisstelle. Deren vorrangige Aufgabe ist es „Ergebnisse" zu erzielen, in der Regel wertschöpfende Renditen. Jede Situation muss im Sinne ihres Nutzens zur Erreichung des Ziels beurteilt werden. Dafür notwendige Entscheidungen begründen Maßnahmen. Die Zielorientierung jeder Maßnahme wird durch ihre Logik für die Zielerreichung bestimmt. Ohne Ziellogik erscheinen Entscheidungen als Zufall. Jede Zielsetzung sollte ihre Methoden an aktuellen Rahmenbedingungen ausrichten. Deshalb muss der Stelleninhaber in der Lage sein, Situation und Bedingungen zu erfassen und daraus Strategie und Taktik der Zielerreichung abzuleiten.

Diese strukturelle Notwendigkeit ist durch den Alltag in einer Ergebnisstelle begründet. Täglich und in oft kurzen Abständen werden in E-Mails, in Dokumenten, in der persönlichen oder fernmündlichen Kommunikation Entscheidungen gefordert. Hier gilt es, Relevantes (und damit Zielführendes) von Irrelevantem zu trennen und damit zum Vorteil des Unternehmens erfolgreich zu entscheiden. Das bedeutet aber auch immer Verzicht auf eine Alternative. Diese Fähigkeit gehört ebenso zur effektiven Denk- und Handlungsstruktur wie die vorausgehende Analyse der Rahmenbedingungen und das Erkennen der damit gegebenen Möglichkeiten.

Auch die Fähigkeit zur Problemlösung ist eine der wichtigsten Voraussetzungen für erfolgreiche Führung. Führungskräfte, die Probleme erkennen, aber keine Lösungen anbieten, sind oft eine Belastung. Führungskräfte mit einer solchen Ausprägung berufen sich häufig auf das Fehlen relevanter Voraussetzungen oder Informationen. Sie nutzen Mängel und Hindernisse zur Begründung eigener Untätigkeit, statt Lösungen zu liefern. Letzten Endes sind nicht „Problemlieferanten" gefragt, sondern „Lösungslieferanten".

Zum richtigen Erfassen von Situationen und Bedingungen sowie der logischen Ableitung von Maßnahmen, muss der Entscheider die Konsequenzen und die Reichweite seines Handelns einschätzen können. Dazu gehört auch das Erkennen möglicher Probleme am Ende einer Handlungskette. Kreativität ist ein weiterer wichtiger Beitrag zum

Erfolg. Divergentes Denken erhöht somit die Wahrscheinlichkeit von Problemlösungen.

2.2.7.3   Gruppe 3: Persönliche Voraussetzungen

Die in Unternehmen immer wieder erforderliche Anpassungsleistung erfordert von Mitarbeitern auch stets die Reflexion der Situation und der eigenen Person. Deshalb müssen insbesondere Führungskräfte die Fähigkeit besitzen, sich selbst und ihr Handeln kritisch zu betrachten, um Verhaltensänderungen zu ermöglichen. Die Voraussetzung einer solchen Änderung ist Einsicht. Fehlt sie, können weder Reflexion noch Anpassung erfolgen.

Nicht anwendbares Wissen ist wertlos. Ohne alltägliche Adaption (Anpassungskonsequenz) von Führungswissen wirken alte Handlungs- und Verhaltensmuster weiter. Die situationsgerechte Anwendung neuer Erkenntnisse ist daher für Führungskräfte ein wichtiger Faktor erfolgreichen Handelns.

Menschen können tendenziell eher zu initiativem oder eher zu vermeidendem Handeln neigen. Der initiative Mensch sieht Neues eher als Chance, geht Aufgaben unternehmerisch an und sucht neue Herausforderungen. Der „Vermeider" betont eher die Risiken von Neuem. Er ist darauf bedacht, Vorhandenes zu bewahren, zeichnet sich wenig durch Innovation oder Eigeninitiative aus und nutzt Hindernisse eher als Begründung denn als Herausforderung. Welche dieser Ausprägungen den Zielen dient, hängt von der jeweiligen Aufgabe ab. Für eine Führungskraft ist eine starke Vermeidungstendenz in der Regel ein Ausschlusskriterium.

2.2.7.4   Gruppe 4: Motivation

Es reicht nicht zu können, man muss auch wollen. Somit befinden wir uns bei der Frage nach der Motivation.

In der Psychologie gibt es zahlreiche Forschungen zur Motivation und damit entsprechende Thesen und Definitionen (vgl. Rosenstiel 1995).

Im Rahmen der Eignungsdiagnose für Führungskräfte konzentrieren wir uns auf die persönliche Leistungsmotivation, die soziale Motivation (vgl. McClelland 1961) sowie auf die Reiz- und Gestaltungsmotivation. Für die persönliche Motivation sind eigene Wertvorstellungen maßgeblich. Einer dieser Werte ist der Anspruch, mit seiner Leistung den jeweiligen Anforderungen zu genügen. Diese Leistungsorientierung gilt für einen Großteil der Menschen. Einige sind jedoch eher an eigener Entlastung als an dem Nachweis von Leistungsfähigkeit interessiert. Für Führungspositionen sind sie wenig geeignet.

2.2.7.4.1 Soziale Motivation

Das Streben von Führungskräften nach Akzeptanz bei Kollegen und Mitarbeitern wird als soziale Motivation bezeichnet (vgl. McClelland 1961). Bei starker Ausprägung ist es diesen Führungskräften sehr wichtig, beliebt zu sein und ein hohes Maß an positiver Beachtung zu erhalten. Dieses Bestreben ist nicht grundsätzlich negativ, wird aber zum Problem, wenn es dazu führt, es möglichst jedem Kollegen und Mitarbeiter recht zu machen. Daraus können Konflikte zwischen Unternehmensziel und Kollegenakzeptanz entstehen. So kann zum Beispiel das Durchsetzen bestimmter Anordnungen zum Problem werden. Eine hohe soziale Motivation kann zu Konfliktvermeidung und damit zur Verhinderung notwendiger Sanktionen gegenüber nachteiligem Mitarbeiterverhalten führen.

2.2.7.4.2 Reiz- und Gestaltungsmotivation

Die ständige Suche nach neuen Herausforderungen und Möglichkeiten der Bewährung kennzeichnet Menschen mit hoher Reiz- und Gestaltungsmotivation. Ohne Scheu begeben sie sich regelmäßig in schwierige Situationen (Spannungsaufbau), um sich bei deren Bewältigung die für sie notwendige Bestätigung zu sichern (Spannungsabbau). Diese „Offenheit für Erfahrungen" lässt sich im Unternehmensalltag gewinnbringend einsetzen. Mitarbeiter mit einer solchen Motivation zeichnen sich erfahrungsgemäß durch eine rasche Auffassungsgabe und vergleichsweise geringe Einarbeitungszeiten aus, benötigen jedoch ständig neue Herausforderungen und sind daher für eine Strukturstelle grundsätzlich nicht geeignet. Doch ist ein hohes Maß an Reiz- und Gestaltungsmotivation eine wichtige Voraussetzung für eine Führungsstelle, wenn auf dieser durch Gestaltung Ergebnisse erzielt werden sollen.

Fazit

Nicht selten glauben viele Entscheider, dass die Führungskraft vor allem die Branche kennen und über das branchenspezifische Fachwissen verfügen müsse, alles andere ergebe sich von selbst oder sei in einem Seminar für Führungskräfte zu erlernen. Daher mag es den einen oder anderen erstaunen, welch vielfältige Fähigkeiten, Kompetenzen und Eigenschaften vorhanden sein müssen, um die Erfolgswahrscheinlichkeit einer Führungskraft zu erhöhen. Branchenkenntnisse sind sicher hilfreich, doch das Versagen von Führungskräften liegt selten in den diesbezüglich mangelnden Kenntnissen begründet. Es hängt vielmehr mit der mangelnden Ausprägung eines oder mehrerer der eben vorgestellten Kriterien zusammen.

2.2.8   Exkurs V: Voraussetzungen, die das Unternehmen liefern muss

Es reicht nicht, wenn die Führungskraft Voraussetzungen mitbringt. Auch das Unternehmen muss Voraussetzungen liefern. Die wichtigste Voraussetzung ist dabei das Vertrauen, das die Unternehmensleitung der Führungskraft entgegenbringen muss. Mit dem Vertrauen benötigt die Führungskraft auch klare Ziele, machbare Ziele und terminierte Ziele. Um Ziele zu erreichen, muss die Führungskraft auch die nötige Entscheidungskompetenz innehaben. Und auch sie benötigt ein Feedback von ihren Chefs. Ebenso wie beim Mitarbeiter benötigt sie ebenfalls rechtzeitige Informationen und die entsprechenden Arbeitsmittel. Sind diese Voraussetzungen nicht gegeben, kann auch eine Führungskraft kaum erwartete Ergebnisse liefern, selbst wenn sie das KLARA-Prinzip vollständig verinnerlicht hat (Dobler 2019).

Abb. 2.5 macht dies noch einmal deutlich.

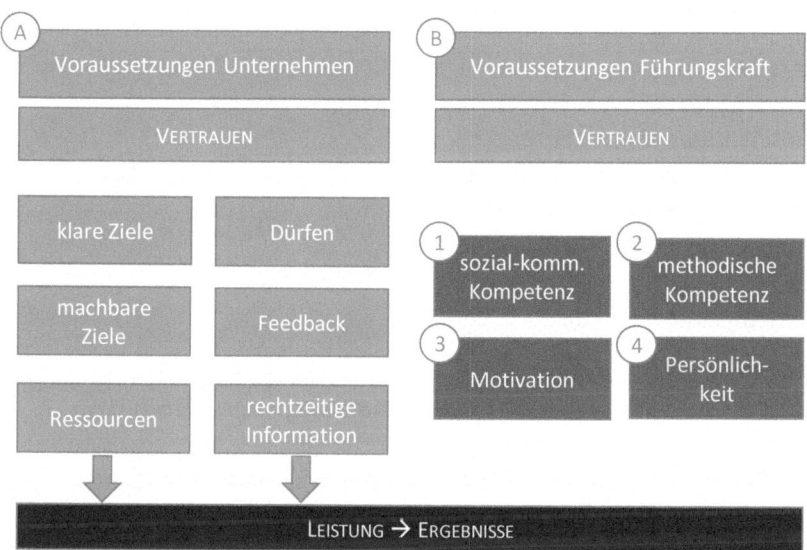

Abb. 2.5 Voraussetzungen. © Dobler 2019. All Rights Reserved

2.2.9   Der Dreiklang der Organisation und dessen Fehlen als weitere Ursache

Eine weitere Ursache für schlechte Leistungen bei Ergebnisstellen ist auch die unangemessene Streuung von Verantwortung, Aufgabe und Entscheidungskompetenz.

In der Organisationslehre nennt man dieses Axiom auch das „Kongruenzprinzip der Organisation" (Nicolai 2017) oder den „Dreiklang der Organisation" (Dobler 2016).

Dies bedeutet, dass die Faktoren „Aufgabe", „Verantwortung" und „Kompetenz" in einer Hand gebündelt werden müssen. Auch dies liegt in der Verantwortung der Unternehmensleitung.

Doch in der Praxis sieht das vielfach anders aus. Nicht selten verfügen Mitarbeiter über eine mehr oder weniger klar definierte Aufgabe, erhalten jedoch nicht die dazugehörige Verantwortung.

Andere wiederum haben die Entscheidungskompetenz, ohne dass sie die Verantwortung für eine Aufgabe tragen. Auch die Situation, in der ein Mitarbeiter die Verantwortung trägt, jedoch nicht über die nötige Entscheidungskompetenz verfügt, findet sich sehr häufig in der Praxis. Verantwortung kann jedoch nur derjenige übernehmen, der auch die Entscheidung fällen kann!

Es benötigt nicht viel Phantasie, um sich vorzustellen, dass die Verletzung des Dreiklangs der Organisation (Abb. 2.6) zu zahlreichen Reibungsverlusten führt. Dieses Versäumnis endet nahezu immer in Zuständigkeitsdiskussionen oder Schuldzuweisungen, jedoch selten in befriedigende Resultate.

2.2.10   Informationsmangel als mögliche Ursache

Das Wort „Information" stammt aus der lateinischen Sprache und bedeutet „Gestalt geben", also einem Sachverhalt, der bislang noch unklar war, durch Hinweise, Wissen oder Aspekte – eben Informationen – Gestalt zu geben (Becker und Wiese 1999).

Eine Bedingung, um Leistung abgeben zu können, ist die rechtzeitige Information, die zur Verfügung stehen muss. Dazu gehört u. a. die klare Zielsetzung, der Rahmen, in dem sich der Aufgabenspielraum bewegen darf und die für die Aufgabe notwendigen Informationen. Genau das Fehlen dieser Informationen wird jedoch in nahezu allen Unternehmen regelmäßig bemängelt. In vielen Fällen geschieht dies zu Recht. Häufig rennen die Mitarbeiter tatsächlich den benötigten Informationen hinterher oder werden von relevanten Erneuerungen plötzlich überrascht. Jede

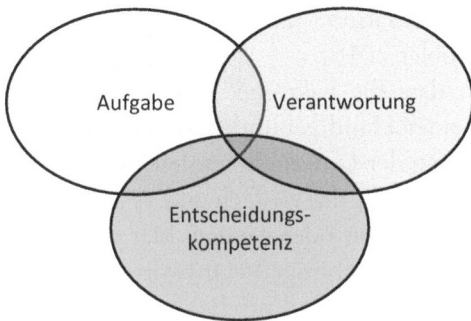

Abb. 2.6 Dreiklang der Organisation. © Dobler 2019. All Rights Reserved

Information, die nicht rechtzeitig beim Mitarbeiter landet, schwächt dessen Effizienz und fördert so den Eindruck von Low Performing.

In über 150 Unternehmen, in denen wir für unsere Kunden tätig waren, kam es nicht ein einziges Mal vor, dass Mitarbeiter nicht über Informationsmangel geklagt hätten. Informationsmangel ist also ein Dauerthema in allen Unternehmen. Kaum ein Mitarbeiter ist der Ansicht, er sei optimal informiert. Die meisten Mitarbeiter fühlen sich eher unzureichend informiert. Informationsmangel wird häufig als Grund genannt für Schlechtleistung.

Wenn benötigte Informationen tatsächlich fehlen, kann dies fraglos die Leistungsfähigkeit erheblich schwächen. Es wird nur nicht jede fehlende Information auch wirklich benötigt.

Vielfach werden „benötigte Informationen" verwechselt mit „gewünschten Informationen".

Betriebswirtschaftlich gesehen existieren allerdings nur die „benötigte Information" und die „vorhandene Information".

Meist wird jedoch kaum zwischen diesen beiden Kategorien unterschieden. Stattdessen fügt man gerne eine weitere Informationsart bei, nämlich die „gewünschte Information".

Der Unterschied zwischen einer gewünschten und einer benötigten Information liegt darin, dass man die erstere eben nicht für die Aufgabenerfüllung benötigt. Typische Beispiele für gewünschte Informationen sind beispielsweise die Kosten für das neue Auto des Chefs, wer mit wem eine Beziehung angefangen hat, wo sich der Chef ab 15 Uhr befindet und wieso die Abteilung Finanzen ihren Arbeitstag nicht vor 9 Uhr beginnt. Mitarbeiter benötigen meist wesentlich weniger Informationen, um die ihnen zugewiesene Aufgabe wirklich zu erledigen, als diese glauben.

Woher kommt also der ständige Wunsch nahezu ununterbrochen informiert zu werden und zu sein?

Informationen symbolisieren wie kaum andere Parameter die Wichtigkeit einer Person. Wissen bedeutet häufig auch Macht. Wissen führt nicht selten zur Überzeugung, dass man damit sein eigenes Standing gegenüber anderen erhöhen kann. Jeder Informationsvorsprung gegenüber Kollegen gewährleistet auch jene Aufmerksamkeit, nach der so viele dürsten.

Folgende Erkenntnis ist wichtig für jede Führungskraft:

1. Mitarbeiter benötigen meist viel weniger Informationen, als diese glauben
2. Informationsmangel wird gerne als Begründung für Low Performing genommen, ist jedoch selten der tatsächliche Grund
3. Führungskräfte glauben häufig, dass um des lieben Friedens willen möglichst wenige Informationen besser seien als zu viele. Doch Informationen weitergeben ist auch eine Form der Wertschätzung.
4. Der ständige Schrei nach fehlenden Informationen kann auch ein Hilferuf der Mitarbeiter sein, der in Wahrheit auf ein gestörtes Verhältnis zwischen Führungskraft und Mitarbeiter hinweist.
5. Informationen sollten stets deckungsgleich sein mit den Taten, die danach folgen. Ansonsten fühlen sich Mitarbeiter schnell nicht mehr ernst genommen.

2.2.11 Vorläufiges Resümee aus dem Umfeld des Mitarbeiters

Wenn Mitarbeiter nicht die erwartete Leistung erbringen, existieren sehr grob umrissen drei Ursachen:

1) Ein Mitarbeiter will, kann jedoch nicht oder
2) ein Mitarbeiter könnte zwar, will jedoch nicht oder
3) der Mitarbeiter kann und möchte auch jene Leistungen erbringen, die gefordert werden, darf jedoch nicht.

Die Kausalkette ist selbstverständlich weitaus filigraner, und es mag auch Situationen geben, in denen ein ungesunder Cocktail aller drei Ursachen die Probleme verursacht. In allen Fällen trägt die Führungskraft einen großen Teil der Verantwortung mit.

Im ersten Fall hat die Führungskraft den Mitarbeiter nicht an der passenden Stelle eingesetzt, um bei dem bekannten Bild zu bleiben: Die Führungskraft hat den „Pinguin beim Straußenrennen" eingesetzt.

Im zweiten Fall ist es die Aufgabe der Führungskraft die Leistung einzufordern.

Im dritten Fall ist es ausschließlich die Führungsetage, die die Leistungsabgabe verhindert.

Erinnern wir uns: Die Aufgabe von Führungskräften ist es, Mitarbeiter dazu zu bringen, Entscheidungen umzusetzen. Führungskräfte müssen also auch Einfluss auf den Willen und das Können von Mitarbeitern nehmen. Dazu müssen sie wirksam kommunizieren.

Um wirksam zu kommunizieren bedarf es der fünf Erfolgsfaktoren des KLARA-Prinzips:

Wenn Führungskräfte also weder **k**lar sind, in dem was sie fordern, fördern oder rückmelden, wenn Führungskräfte weder **l**ösungsorientiert, noch **a**chtsam oder **r**espektvoll sind in der Kommunikation und sie keine **A**npassung vornehmen in ihrem Kommunikationsverhalten bei unterschiedlichen Mitarbeitern, vernichten sie dabei auch das Leistungspotenzial ihrer Mitarbeiter.

Hinzu kommt, dass viele Führungskräfte die Voraussetzungen selbst nicht mitbringen, um effektiv (wirksam) zu führen, oder dass das Unternehmen die Voraussetzungen für die Führungskraft nicht liefert, um wirksam zu führen. Dies wird nicht zuletzt auch deutlich, wenn der Dreiklang der Organisation nicht gegeben ist und ein permanenter Informationsmangel herrscht.

2.3 Der Mitarbeiter selbst als mögliche Ursache

Bis hierhin sollte klar geworden sein, dass die Führungskräfte sowohl einen erheblichen Anteil an den Ursachen für Low Performing, als auch eine erhebliche Mitverantwortung dafür tragen, wenn Mitarbeiter „schwierig" werden.

Doch die Verantwortung komplett auf die Führungskräfte abzuwälzen wäre zu einfach. Es gibt auch Mitarbeiter, die durchaus ihren Anteil daran haben, dass sie als schwierig angesehen werden.

Unabhängig von der jeweiligen Persönlichkeit haben auch die meisten Mitarbeiter Defizite in der Kommunikation. Wenn also sowohl bei den Mitarbeitern als auch bei den Führungskräften Defizite in der Kommunikation bestehen, ist es nur eine Frage der Zeit, bis die Parteien aneinandergeraten.

2.3.1 Das Problem mit der mangelnden Passung

Neben diesen Kommunikationsdefiziten kommen noch unterschiedliche Charaktere dazu, die dann aufeinandertreffen.

So liegt das Empfinden bei „schwierigen Mitarbeitern" nicht selten weniger im Fehlverhalten eines Arbeitnehmers, als vielmehr in der mangelnden Eignung der Partner füreinander. Die optimale Passung zu finden ist per se sehr schwierig, denn die unterschiedlichen Möglichkeiten der Ausprägung menschlicher Persönlichkeit sind schier unendlich.

2.3.2 Persönlichkeit von Menschen als mögliche Ursache

Einzelne persönliche Eigenschaften werden bereits bei der sozialen Kommunikation sichtbar. Die Art dieser Kommunikation entscheidet, inwieweit ein Mensch als sozial verträglich oder schwierig empfunden wird. Ein konfliktgeladenes Kommunikationsverhalten ist durch die Tendenz gekennzeichnet, sich ständig zu rechtfertigen, die Schuld stets bei anderen zu suchen (Externalisierung), sich und seine Wünsche stets in den Vordergrund zu stellen, durch Rechthaberei, Kontrollsucht oder durch klassische Deflektion.[4]

Die Persönlichkeit eines Menschen offenbart sich auch durch sein Temperament. Von Bedeutung ist in diesem Zusammenhang, wie gern jemand in einer Gruppe gesehen wird. Aufbrausende, impulsive Menschen werden hier in der Regel als anstrengend empfunden.

Am deutlichsten zeigt sich die Persönlichkeit bei alltäglichen Entscheidungen.

---

[4] Deflektion bedeutet, den Kontakt zu stören, ihn zu unterbrechen oder ihn einzuschränken, durch eine Abwendung von dem eigenen Bedürfnis, von der Umwelt und (oder) von den Handlungsmöglichkeiten.

Das Entscheidungsverhalten ist mitverantwortlich für die persönliche Arbeitsmethodik.

Sie bestimmt maßgeblich die Leistungsfähigkeit eines Menschen und entscheidet damit, ob er zum Leistungsträger oder zum Low Performer wird.

Nun ist die Versuchung groß, Menschen in Kategorien oder Typen einzuteilen. Schnell sind Modelle zur Hand, die helfen sollen, Menschen zu sortieren. Sicher haben solche Modelle Vorteile. Sie kommen unserer Ordnungsliebe entgegen, jenem Drang, alles und jeden in unser Werte- und Normensystem einzuordnen. Doch egal welches Typenmodell man wählt, es wird der unglaublichen heterogenen Komplexität der menschlichen Psyche nicht gerecht und birgt darüber hinaus auch viele Gefahren zum Missbrauch.

Die menschliche Psyche besteht aus vielen Eigenschaften, Fähigkeiten, Motivationen oder Einstellungen. So haben Allport und Odbert (1936) beispielsweise über 18.000 Begriffe gesammelt, die menschliche Persönlichkeitsmerkmale definieren. Jeder Mensch besitzt hunderte von Kombinationen solcher Merkmale, die ihn definieren und charakterisieren. Somit ist eine gewaltige Anzahl von Variationen möglich.

Mit jeder Variation wird deutlicher, dass ein Typologisieren von Menschen weder seriös noch zulässig ist. Zahlreiche Kombinationen sind möglich, doch relevante Eigenschaften können entweder ergänzend oder diametral kombiniert werden.

Zwei dieser Kombinationen und ihre mögliche Verflechtung möchten wir hier daher nun beispielhaft aufzeigen:

Bei der ersten Kombination geht es um den Gestaltungs- und Verwaltungsdrang. Es gibt Menschen, die einen sehr großen Drang besitzen, Situationen und Vorgänge zu gestalten und zu verbessern. Und es gibt Menschen, die dieses Bedürfnis nicht verspüren und eher zur „Verwaltung" und zur Bewahrung von Zuständen neigen.

Menschen mit einem großen Gestaltungsdrang verfügen meist auch über eine große Antriebskraft und haben in der Regel das Bedürfnis, Vorgänge zu beschleunigen. Häufig initiieren sie Vorgänge selbst. Sie sind mit Lokomotiven vergleichbar: Stets ziehen und schieben sie – sich und andere. Wir nennen sie der Einfachheit halber „Gestalter".

Menschen mit geringer Antriebskraft neigen dazu, abzuwarten. Sie sind eher passiv und lassen sich gerne führen. Um im Bild zu bleiben: Diese Menschen sind Waggons, sie tragen Lasten. Wir nennen sie der Einfachheit halber „Verwalter".

Weder die eine noch die andere Ausprägung ist grundsätzlich gut oder schlecht, sondern zunächst nur ein Merkmal. Neben diesen Grundformen existieren zahlreiche Abwandlungen.

Die zweite Kombination betrifft das Entscheidungsverhalten. Entscheidungen werden von Menschen nach unterscheidbaren Maßstäben und heterogen getroffen. Die Art der Entscheidungsfindung ist jedoch kategorisierbar:

Es gibt z. B. Menschen, die plötzlich, impulsiv und spontan entscheiden. Ihnen genügen nur wenige Informationen und schon sind sie bereit, zu entscheiden und zu handeln. Häufig sind diese Entscheidungen und Handlungen durch hohe Emotionalität geprägt, aber wenig durchdacht.

Anderen wiederum ist diese Art zu entscheiden ein Graus. Sie brauchen dafür Zeit und Ruhe. Menschen mit dieser Veranlagung wollen alles abwägen und genau planen. Sie planen nicht selten so lange, dass sie wieder von vorn beginnen können, weil sich die Situation in der Zwischenzeit grundlegend geändert hat.

Konstellationen, bei denen ein „Gestalter" auf einen „Verwalter" trifft, gibt es recht oft. Mit dem Zusammentreffen dieser Menschen in einem Unternehmen entsteht Konfliktpotenzial.

Dieses Potenzial wäre allerdings für ein Unternehmen sogar förderlich, wenn sich beide Parteien gerade wegen ihrer Unterschiede ergänzen würden.

> Weder die Ausprägung „Verwalter" noch die Ausprägung „Gestalter" ist gut oder schlecht. Sie ist lediglich ein Merkmal, das je nach Situation für das Erreichen des Ziels nützlich oder hinderlich sein kann.

Doch meist ist jeder Partei die jeweils andere suspekt, und jede bezeichnet die jeweils andere als „schwierig". Das ist nicht weiter verwunderlich. Als Beispiel sei der Fall eines Gestalters genannt, der in einen Betrieb kommt, der naturgemäß überwiegend aus Verwaltern besteht.

Handelt es sich etwa um ein Atomkraftwerk oder ein Abrechnungsunternehmen, lebt dieser Betrieb ja von Kontinuität und Verlässlichkeit in den Prozessen. Ein Mensch mit einem großen Gestaltungsdrang muss dort zwangsläufig als schwierig angesehen werden.

> Die genannten Ausprägungen lassen viele Schattierungen zu und sind zunächst lediglich Merkmale ohne Werturteil.

> Kombiniert man diese Eigenschaften wie folgt in einem Kreuz diametral, so kann man Menschen nur in Bezug auf diese zwei Ausprägungen unterteilen, siehe Abb. 2.7.

Mitarbeiter, die aufgrund ihrer Eigenschaften in der Grafik tendenziell eher oben rechts eingeordnet werden können, sind zwar initiativ, planen jedoch ihre Vorgehensweise methodisch und berücksichtigen mögliche Konsequenzen. Das sind Mitarbeiter, wie wir sie uns wünschen. Diese Kombination aus Antriebskraft und durchdachtem Handeln erhöht die

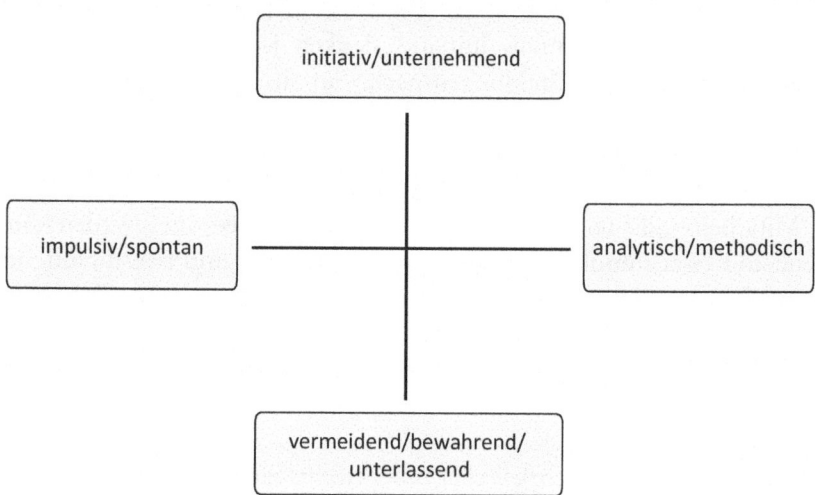

Abb. 2.7 Unterscheidung in Bezug auf die Antriebskraft und das Vorgehen bei und nach Entscheidungen (I). © Dobler 2019. All Rights Reserved

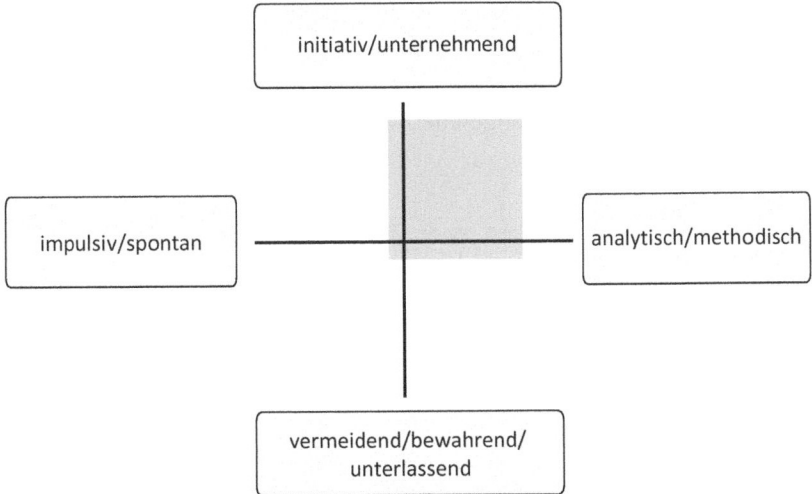

Abb. 2.8 Unterscheidung in Bezug auf die Antriebskraft und das Vorgehen bei und nach Entscheidungen (II). © Dobler 2019. All Rights Reserved

Wahrscheinlichkeit von erwünschten Ergebnissen enorm. Menschen mit einer solchen Kombination liefern in erster Linie konstruktive Lösungen, wenn sie auf Probleme stoßen (siehe Abb. 2.8).

Mitarbeiter, die tendenziell im oberen Bereich links eingeordnet werden können, sind ebenfalls initiativ, denken jedoch kaum über ihre Handlungen und Entscheidungen nach. Für sie gilt das Motto: „Während die Weisen noch grübeln, erobern die Dummen die Festung". Hier besteht durchaus die Chance auf gewünschte Resultate, entsprechende Ergebnisse kommen aber eher zufällig zustande. (siehe Abb. 2.9).

Mitarbeiter, die tendenziell eher unten links eingeordnet werden können, sind zwar impulsiv, jedoch passiv vermeidend und bewahrend. Sie sind erfahrungsgemäß spontan dagegen, egal worum es geht. Das ist erkennbar an der eindeutigen Verweigerungshaltung und Aussagen wie: „Dafür bin ich nicht zuständig", „warum gerade ich", „das haben wir noch nie so gemacht". Dieses Verhalten behindert jedes Veränderungsprojekt (siehe Abb. 2.10).

Mitarbeiter, die tendenziell eher unten rechts eingeordnet werden können, neigen ebenfalls dazu, Änderungen zu vermeiden. Durch ihre methodische Vorgehensweise sind sie jedoch in der Lage, ihre Haltung mit zahlrei-

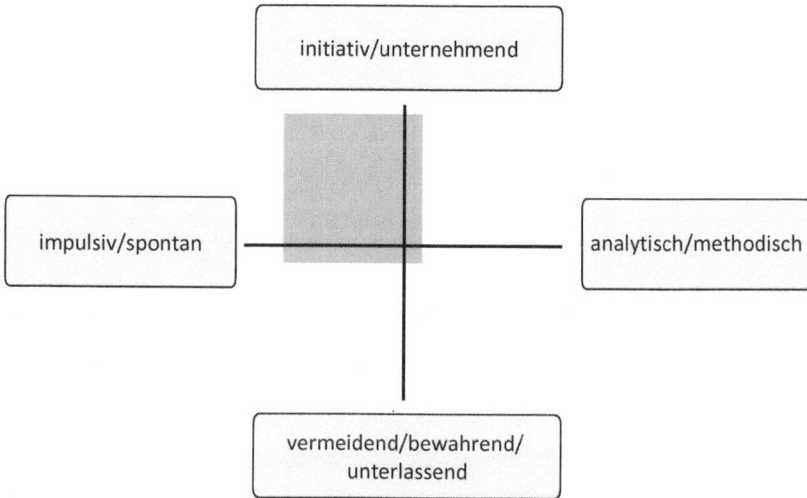

Abb. 2.9 Unterscheidung in Bezug auf die Antriebskraft und das Vorgehen bei und nach Entscheidungen (III). © Dobler 2019. All Rights Reserved

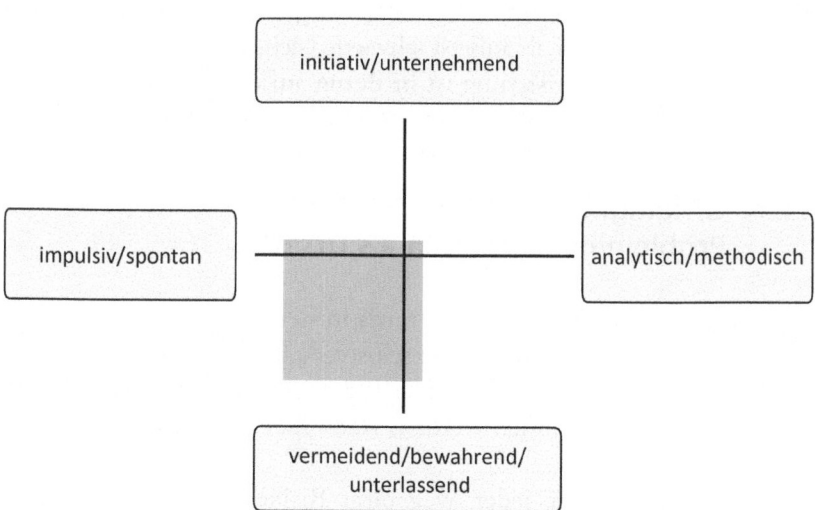

Abb. 2.10 Unterscheidung in Bezug auf die Antriebskraft und das Vorgehen bei und nach Entscheidungen (IV). © Dobler 2019. All Rights Reserved

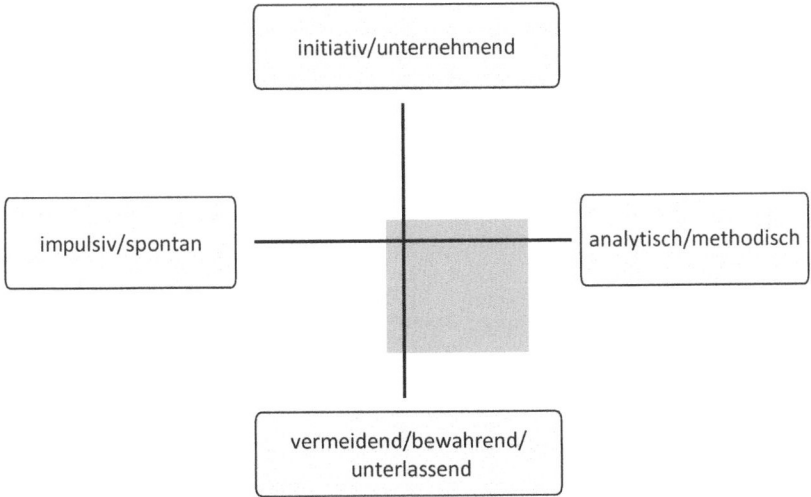

Abb. 2.11 Unterscheidung in Bezug auf die Antriebskraft und das Vorgehen bei und nach Entscheidungen (V). © Dobler 2019. All Rights Reserved

chen Begründungen zu unterstützen. Bei Arbeitgebern und Führungskräften gelten solche Mitarbeiter als äußerst schwierig (siehe Abb. 2.11).

Eine weitere Kategorisierung ist in Bezug auf das Problemlöseverhalten möglich. Dies wird insbesondere bei einer Ergebnisstelle maßgebend.

2.3.3 Unfähigkeit in Bezug auf das Problemlöseverhalten als Ursache

Jeder Inhaber einer Ergebnisstelle muss in der Lage sein, das vorgegebene Ziel zu erkennen. Das klingt selbstverständlich, die Realität zeigt aber oft das Gegenteil. Wenn das Ziel klar ist, muss ein effektiver, ein zielführender Weg gefunden werden. Auch hier entspricht die Theorie oft nicht der Praxis.

Jede Vorgehensweise, jeder Weg birgt Risiken, die vorher erkannt werden sollten. Je weniger ein Mitarbeiter sie in Betracht zieht, desto höher ist die Wahrscheinlichkeit für ein Scheitern oder für teure Korrekturen. Fast immer liegen Hindernisse auf dem Weg zum Ziel. Kurz: Es gibt Probleme.

In diesem Fall stellt sich die Frage, wie sich ein Mitarbeiter dann verhält. Vorausgesetzt wird, dass die Lösung effizient ist.

> Konzentriert man sich auf das Problemlöseverhalten und blendet alle weiteren Eigenschaften und Voraussetzungen aus, so kann man Mitarbeiter in Bezug auf ihr Problemlöseverhalten in vier Stufen einteilen (siehe Abb. 2.12).

Stufe 1 – der Problemmacher
Mitarbeiter, die Aufgaben nicht oder nur unzuverlässig lösen. Es sind Mitarbeiter, die sich aktuell im D- Bereich aufhalten (siehe dazu Abb. 1.7) und damit Minderleister.

Stufe 2 – der Lösungsarbeiter
Mitarbeiter, die Aufgaben zuverlässig abarbeiten, aber keine Lösungen für erkannte Probleme liefern. Sie folgen vorgegebenen Wegen und Strukturen, etwa in der Buchhaltung oder bei der Bedienung von Geräten. Probleme erkennen sie, liefern aber keine Lösungen.

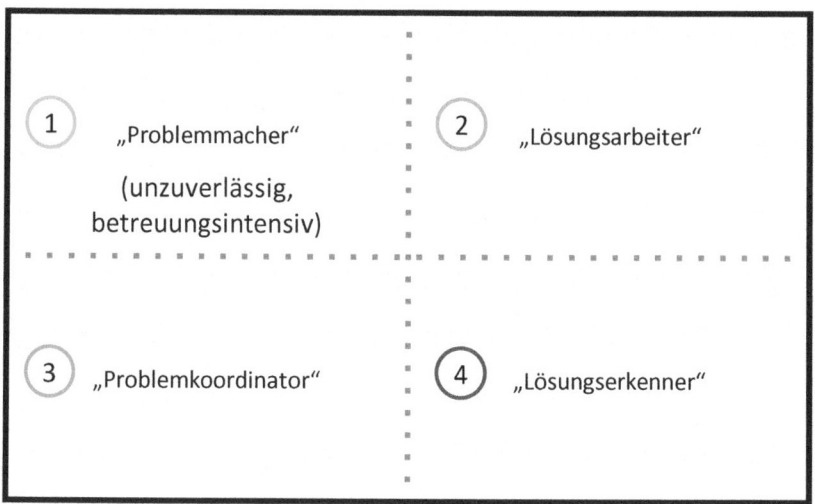

Abb. 2.12 Unterscheidung in Bezug auf das Problemlöseverhalten. © Dobler 2019. All Rights Reserved

Mitarbeiter mit einer solchen Ausprägung berufen sich häufig auf das Fehlen relevanter Voraussetzungen oder Informationen und stützen sich damit auf die so genannte Bringschuld, bei der jemand anderes das liefern soll, was fehlt. Hindernisse führen dann zu Untätigkeit statt zu ihrer Beseitigung in Eigeninitiative.

Solche Mitarbeiter sind für eine Strukturstelle geeignet, aber keinesfalls für eine Ergebnisstelle. Auch von der Vermittlung in eine Führungsposition sollte grundsätzlich Abstand genommen werden. Der Aufwand einer Kompensation, beispielsweise durch ein Einzeltraining, steht Erfahrungsgemäß in keinem zeitlichen und finanziellen Verhältnis zu einem möglichen Nutzen.

Stufe 3 – Problemkoordinator
Mitarbeiter, die rechtzeitig die Differenz zwischen Soll- und Ist-Zustand erkennen. Sie leiten rasch die notwendigen Maßnahmen ein und liefern nachhaltige Lösungen. Delegieren sie die Lösung eines Problems an Kollegen, so sind sie von deren Eignung überzeugt. Sie können die Fähigkeiten anderer richtig einschätzen und Resultate anhand festgelegter Kriterien kontrollieren.

Stufe 4 – Lösungserkenner
Mitarbeiter, die erkannte Probleme auch lösen. Sie sind zum Beispiel in der Lage, technische Störungen an einem Flugzeug zu beseitigen und vorher die Störungsursache ohne fremde Hilfe zu ermitteln. Es besteht die berechtigte Hoffnung, dass solche Mitarbeiter auch komplexere Probleme erkennen und lösen können.

Ein bestimmtes Problemlöseverhalten kann viele Ursachen haben und ist auch von äußeren Einflüssen abhängig. Trotzdem bleibt der einzelne Mitarbeiter für sein Verhalten verantwortlich. Leider nimmt es mancher mit dieser Verantwortung nicht so genau.

2.3.4 Motivationsmangel als Ursache

Nehmen wir noch einmal Bezug auf die Voraussetzungen für die Mitarbeiterleistung, treffen wir neben „Können" und „Dürfen" auch rasch auf das „Wollen". Ohne die Motivation etwas Bestimmtes zu tun, sackt eine Leistung rasch gegen Null. Und wenn die Motivation, etwas Bestimmtes zu tun, sich aus einem Zwang heraus speist, wird die Leistungsfähigkeit ebenfalls nicht so hoch sein wie in dem Fall, dass die Lust darauf sehr groß ist. In der Arbeitspsychologie unterscheidet man zwischen intrinsischer Motivation und extrinsischer Motivation (Rosenstiel 1995). Die intrinsische Motivation wird auch Triebmotivation oder innere Motivation genannt. Die extrinsische wird auch Reizmotivation genannt (Dobler 2016).

Wenn Menschen eine Tätigkeit gerne tun, sind sie in der Regel von sich aus motiviert (Sprenger 2014). Dazu stelle man sich all die Menschen vor, die in ihrer Freizeit einem Hobby nachgehen. Wenn jemand beispielsweise gerne dem Sporttauchen nachgeht oder gerne reitet oder wandert, muss man diesen Menschen normalerweise nicht motivieren, dieser Tätigkeit nachzugehen (Dobler 2016).

Erledigen Mitarbeiter also die ihnen gestellten Aufgaben gerne, können Führungskräfte durch ihre Einflussnahme eine eventuelle De-Motivation verhindern, jedoch kaum zusätzlich motivieren.

Tritt jedoch der Fall ein, dass die Tätigkeit, die ein Mitarbeiter ausübt, sich nicht mit seiner Lust deckt, diese auch gerne auszuüben, entsteht ein Gap. Diese Lücke kann dann nur noch durch eine Reizmotivation kompensiert werden, in der Regel mittels Angst oder Belohnung.

Die Potenziale beider Motivationsformen sind endlich, weil sie sich irgendwann von selbst erschöpfen (vgl. auch Sprenger 2014).

Abb. 2.13 und 2.14 zeigen diese Problematik noch einmal auf.

Wenn Mitarbeiter also im Laufe der Zeit weniger motiviert sind und am Ende keine Lust mehr verspüren, die Arbeitsstelle früh morgens anzutreten, wird sich dies zwangsläufig auf die Leistung auswirken und/oder sogar auf den Umgang mit anderen Teammitgliedern und Vorgesetzten.

2.3.5 Vorläufiges Resümee in Bezug auf den Mitarbeiter als Ursache

Die möglichen Ursachen für das Empfinden einer Führungskraft in Bezug auf Schlechtleister oder „schwierige" Mitarbeiter liegen teilweise auch in der Persönlichkeit der Mitarbeiter und der Führungskräfte begründet.

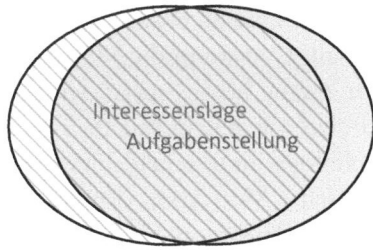

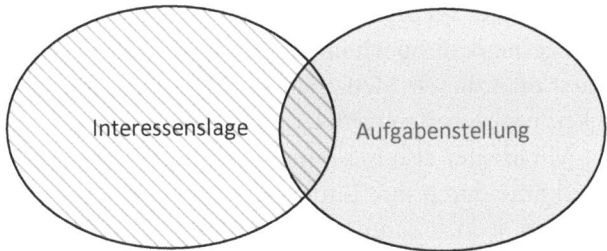

Aufgrund ihrer individuellen Werte, Eigenschaften, Fähigkeiten und Motivationen kann eine mangelhafte Passung der Mitarbeiter in Bezug auf die ihnen gestellten Aufgaben einer effektiven und effizienten Bearbeitung derselben im Wege stehen.

Hinzu kommen Mitarbeiter, die einen hohen Grad an Egozentrik aufweisen oder sich ständig im „Wettbewerbsmodus" befinden und sich mit allem und jedem vergleichen müssen. Sie versuchen stets zu „beweisen", dass sie besser sind, als die anderen. Solche Mitarbeiter sind erfahrungsgemäß schwieriger in Gruppen zu integrieren als andere Mitarbeiter.

Resümierend kann jedoch festgehalten werden:

Vorläufiges Resümee

1. Würde jede beteiligte Führungskraft entsprechend handeln, gäbe es weder Schlecht- noch Minderleister und selten schwierige Mitarbeiter!

2. Jeder Schlecht- oder Minderleister und jeder schwierige Mitarbeiter ist immer auch ein Gradmesser der Leistungsfähigkeit eines Unternehmens und seiner Führungskräfte!
3. Jeder Schlecht- bzw. Minderleister und jeder schwierige Mitarbeiter ist ein Indikator: Je mehr Mitarbeiter dieser Art vorhanden sind, desto dringender ist der Handlungsbedarf!

2.4   Arbeitsrechtliche Versäumnisse

Low Performer entstehen nicht von heute auf morgen. Nur die allerwenigsten Unternehmen stellen Arbeitnehmer ein, die sie von Anfang an als Low Performer ansehen. Und selbst wenn sich ein Mitarbeiter kurz nach Einstellung als solcher erweist, endet das Arbeitsverhältnis in der Regel ohne arbeitsrechtliche Schwierigkeiten während der Probezeit. In der betrieblichen Realität vollzieht sich der Abfall der Qualität der Arbeitsleistung meist über mehrere Jahre. Ähnliches ist bei schwierigen Mitarbeitern zu beobachten. Auch hier verschärfen sich die Probleme im Umgang mit dem Arbeitnehmer häufig kontinuierlich über einen längeren Zeitraum. Während dieser Phase der negativen Entwicklung versäumen es Unternehmen häufig, erste Maßnahmen einzuleiten und zu dokumentieren, die später im Falle einer Auseinandersetzung über die Beendigung des Arbeitsverhältnisses entscheidende Bedeutung erlangen.

> **Pflichten der Führungskräfte**
> 1. Frühzeitig der Entwicklung eines Arbeitnehmers zum Low Performer oder schwierigen Mitarbeiter durch konkrete Maßnahmen entgegenwirken.
> 2. Verbindlich dokumentieren, welche Maßnahmen eingeleitet wurden.

Bei der Beendigung von Arbeitsverhältnissen mit Low Performern und schwierigen Mitarbeitern sind Unternehmen häufig gerade deshalb gezwungen, so hohe Abfindungen zu zahlen, weil im Vorfeld grundlegende arbeitsrechtliche Rahmenbedingungen übersehen oder ignoriert wurden.

2.4.1 Aktualisierung des Arbeitsvertrages

Kommt es in einer Abteilung zu Beschwerden über Arbeitsmenge und/ oder -qualität eines Mitarbeiters, wird in aller Regel zunächst versucht, durch interne Maßnahmen das Ergebnis zu verbessern. Bestehen hierfür keine Zeit, Ressourcen oder Geduld oder scheitern diese Bemühungen, entscheiden sich Arbeitgeber häufig als nächste Maßnahme für eine Versetzung in eine andere Abteilung (Nicht selten werden solche Arbeitnehmer auch in andere Abteilungen weggelobt oder abgeschoben; diese besonders unkollegiale Form von Führungsversagen soll hier aber nicht weiter thematisiert werden). Dadurch ändert sich zumeist auch der Arbeitsinhalt, in aller Regel jedoch nicht die Vergütung. Eine solche Versetzung ist im Rahmen des arbeitsvertraglichen Direktionsrechts gemäß § 106 GewO wirksam, sofern nicht der Arbeitsvertrag, Betriebsvereinbarungen oder Tarifverträge dem entgegenstehen. In der Regel wird es darauf ankommen, ob eine im Arbeitsvertrag enthaltene Versetzungsklausel auch tatsächlich vollständig wirksam ist. Im Tagesgeschäft legen Arbeitgeber und Arbeitnehmer in solchen Fällen das Hauptaugenmerk meist auf die inhaltliche Umsetzung der Maßnahme.

> Einer Anpassung der Verträge oder schriftlichen Dokumentation der Versetzung wird keine Aufmerksamkeit geschenkt. Gerade wenn der Arbeitnehmer mehrfach versetzt wird, führt dies jedoch zu erheblichen Risiken für den Arbeitgeber.

Es entsteht dann nämlich ein juristisch unklarer und damit für den Arbeitgeber stets risikobehafteter Zustand. In der Praxis reagieren Führungskräfte auf eine mangelhafte Arbeitsleistung des Low Performers nämlich damit, dass sie diesem Mitarbeiter einfachere Tätigkeiten zuweisen, welche unterhalb der arbeitsvertraglich vereinbarten Tätigkeit liegen. Beispielsweise werden einem Vertriebsmitarbeiter, der keine Abschlüsse mehr erzielt, Zuarbeiten im Bereich der Vertriebsunterstützung zugewiesen. Erfüllt der Arbeitnehmer auch diese einfacheren Tätigkeiten nicht mehr ordnungsgemäß und werden ihm daraufhin noch einfachere, d. h. noch niedriger anzusiedelnde Tätigkeiten zugewiesen, öffnet sich eine immer größere Schere zwischen der arbeitsvertraglich vereinbarten (und vergüteten) und der tatsächlich geleisteten Tätigkeit. In Zeiten erhöhten Kostendrucks kommt der Zeitpunkt, wo Unternehmer dieses Missverhältnis nicht mehr hinnehmen möchten. Aus der subjektiven Sicht des Unternehmers stellt sich die Leistung des Low Performers als (scheinbar offensichtlich) nicht vertragsgerecht dar:

Er erbringt nicht die Leistung, für die er eingestellt wurde und bezahlt wird. Will der Arbeitgeber nun Maßnahmen zur Behebung dieser Situation einleiten, insbesondere das vollkommen unwirtschaftliche Arbeitsverhältnis beenden, rächt sich die juristisch unklare Situation. Es stellt sich nämlich zunächst die Frage, ob die Arbeitsvertragsparteien durch die jahrelange Praxis den Inhalt des Arbeitsvertrages modifiziert haben, mit der Folge, dass der Arbeitnehmer eben nur noch zu den einfacheren Tätigkeiten verpflichtet ist, jedoch den Anspruch auf die volle Vergütung behalten hat. In diesem Fall könnte dem Arbeitnehmer überhaupt kein Vorwurf gemacht werden. Gleichzeitig ergibt sich aus diesem unklaren juristischen Zustand noch ein zweites Risiko des Arbeitgebers: Macht der Arbeitgeber nämlich geltend, dass der neue, niedriger angesiedelte Arbeitsplatz entfallen sei und möchte darauf eine betriebsbedingte Kündigung stützen, kann der Arbeitnehmer sich darauf berufen, dass sein Arbeitsvertrag gerade nicht wirksam angepasst wurde und er dementsprechend Anspruch auf den ursprünglichen, höherwertigen Arbeitsplatz hat – der ja gar nicht weggefallen ist! Für Arbeitgeber entsteht hier schnell eine klassische lose-lose-Situation.

Dasselbe gilt natürlich für einen Arbeitnehmer, der in seiner Abteilung aufgrund seines Verhaltens als „schwieriger Mitarbeiter" eingestuft wurde und nun in eine andere Abteilung versetzt wird, in der die Aussicht besteht, dass die Probleme nicht wieder auftreten.

> Will der Arbeitgeber einen Mitarbeiter im Hinblick auf dessen mangelnde Leistung oder problematisches Verhalten versetzen, sollte dies durch eine schriftliche Aktualisierung des Arbeitsvertrages begleitet werden.

Es genügen hierfür wenige Zeilen, die klarstellen, ob die Parteien einvernehmlich den Inhalt des Arbeitsverhältnisses ändern oder den bisherigen Arbeitsvertrag ausdrücklich unberührt lassen wollen.

2.4.2 Dokumentation einzelner Maßnahmen

Allzu häufig geben Arbeitgeber in Klageverfahren ein geradezu bemitleidenswertes Bild ab. Sie schildern in der Gerichtsverhandlung verzweifelt, dass sie vor Ausspruch der Kündigung alle Möglichkeiten ausgeschöpft hätten, das Arbeitsverhältnis mit dem Arbeitnehmer fortzusetzen. Sie schildern dem Gericht in der mündlichen Verhandlung ausführlich, dass es mit dem Mitarbeiter seit Jahren durchweg Probleme gegeben habe, man diesen mehrfach versetzt habe, um Ihn produktiv einzusetzen, seine Leistung jedoch weit unterdurchschnittlich geblieben sei. Die Arbeitgeber schildern also das klassische Bild eines durchgehend belasteten Arbeitsverhältnisses, sodass dessen Beendigung nunmehr alternativlos sei. Die Arbeitsrichter schenken diesen emotionalen Vorträgen der Arbeitgeber insgeheim durchaus Glauben, sie müssen jedoch auf der objektivierten Grundlage des Akteninhaltes entscheiden. Die Aktenlage ist freilich eine vollkommen andere: Dem Arbeitnehmer sind keine, oder nur unwirksame Abmahnungen erteilt worden, d. h. er hat seine Arbeitsleistung über viele Jahre hinweg faktisch unbeanstandet erbracht.

> Ohne konsequente Dokumentation der eingeleiteten Maßnahmen und Abmahnungen steht der Low Performer als „Modellarbeitnehmer" mit faktisch unbeanstandetem Arbeitsverhältnis da.

Hinzu kommt, dass dieser „Modellarbeitnehmer" sich im Sinne seines Arbeitgebers als besonders flexibel erwiesen hat, da er den zahlreichen Versetzungswünschen nachgekommen ist. In der Logik der Arbeitsgerichte ist die Folge dieses lang andauernden, beanstandungsfreien, von arbeitnehmerseitiger Flexibilität geprägten Arbeitsverhältnisses, dass die Anforderungen an einen Kündigungsgrund gestiegen sind. Auf diese paradoxe Situation reagieren Arbeitgeber häufig mit größtem Unverständnis.

Will der Arbeitgeber einen Mitarbeiter im Hinblick auf dessen mangelnde Leistung oder problematisches Verhalten versetzen, sollte dem ein protokolliertes Gespräch mit dem Arbeitnehmer vorangehen. In dem Protokoll sollte ausdrücklich aufgenommen werden, welche konkreten Vorkommnisse, Versäumnisse oder Verhaltensweisen den Arbeitgeber zu dem Schritt veranlassen. Dem Arbeitnehmer sollte Gelegenheit gegeben werden, sich hierzu ausführlich zu äußern, gegebenenfalls schriftlich. Auch wenn der Arbeitnehmer die Vorkommnisse bestreitet, so dokumentiert das Protokoll doch die verschiedenen Auffassungen der Arbeitsvertragsparteien hierüber.

> Das Protokoll dokumentiert, dass die Versetzung kausal auf bestimmten Vorkommnissen beruht und eine proaktive Maßnahme des Arbeitgebers darstellt. Der Arbeitgeber kann später belastbar darstellen, dass er Maßnahmen eingeleitet hat, um das Arbeitsverhältnis zu retten.

2.4.3 Dokumentation einzelner Arbeitsanweisungen

Sowohl Low Performer als auch schwierige Mitarbeiter berufen sich häufig darauf, dass die Ihnen erteilten Arbeitsanweisungen auslegungsfähig, d. h. nicht ausreichend eindeutig gewesen seien.

Gerade bei Low Performern ist häufig zu beobachten, dass diese sich mit Aufgaben beschäftigen, die nichts mit ihrer eigentlichen Haupttätigkeit zu tun haben und dann geltend machen, für Ihre Haupttätigkeit sei zu wenig Zeit geblieben. Dabei werden arbeitsvertragliche Regelungen oder einzelne Anweisungen des Arbeitgebers aus der Vergangenheit mit bemerkenswerter Spitzfindigkeit ausgewertet. In diesen Fällen ist es zielführend, mit dem Mitarbeiter genau dessen Arbeitsfeld und aktuellen Aktivitäten zu besprechen. Sodann muss diesem schriftlich vorgegeben werden, welche zentralen Tätigkeiten eher zu verrichten hat und welche ergänzenden Tätigkeiten zu unterlassen sind. Erfolgversprechend sind dabei sehr kleinteilige, sehr detaillierte Aufgabenbeschreibungen.

Gelegentlich führt dies dazu, dass dem Arbeitnehmer seine eigentlichen Tätigkeiten und Ziele klar vor Augen geführt werden, sodass er sich stärker hieran orientieren und seine Leistung erfolgreich anpassen kann. Andernfalls ist ihm später zumindest diese Ausrede abgeschnitten. Dabei ist jedoch darauf zu achten, dass dem Arbeitnehmer keine konkreten Ergebnisse vorgeschrieben werden können, sondern nur die Tätigkeit zur Erzielung.

Beispiel: Einem Vertriebsmitarbeiter kann nicht vorgeschrieben werden, mindestens 50.000,00 € Umsatz pro Monat zu erzielen. Ihm kann aber sehr wohl vorgeschrieben werden, pro Woche mit mindestens 15 Kunden Termine zu vereinbaren, diese sodann zu besuchen und die Ergebnisse und den jeweiligen Stand der Gespräche mit den Kunden in der entsprechenden Software tagesgenau zu hinterlegen.

Durch solche detaillierten Aufgabenbeschreibungen können Arbeitgeber in der Folge konkrete Abweichungen des Ist-Zustandes von den Soll-Vorgaben identifizieren. Jede Abweichung („delta") stellt dann eine konkrete Vertragspflichtverletzung dar, sofern die Vorgaben wirksam waren. Hierauf kann der Arbeitgeber gegebenenfalls den Ausspruch einer Abmahnung stützen. Auch in einer gerichtlichen Auseinandersetzung können diese Abweichungen sodann *konkret* dargestellt werden.

> Durch klare, sehr detaillierte Aufgabenbeschreibungen stärken Arbeitgeber ihre Position. Abweichungen des Ist-Zustandes von den Soll-Vorgaben sind Verletzungen des Arbeitsvertrages und können abgemahnt werden.

Häufig müssen auch arbeitsvertragliche Defizite nachgebessert werden. So fehlt in vielen Arbeitsverträgen eine Regelung, wonach dem Arbeitnehmer die private Nutzung des Internets während der Arbeitszeit verboten ist. Dies führt nach der ständigen Rechtsprechung des Bundesarbeitsgerichts dazu, dass dem Arbeitnehmer – zur Überraschung vieler Arbeitgeber – die Nutzung des Internet zu privaten Zwecken in einem angemessenen Rahmen gestattet ist. Der Arbeitgeber könnte dem Arbeitnehmer also nur einen Vorwurf machen, wenn er nachweisen könnte, dass dieser den angemessenen Rahmen überschritten hat. Letzteres ist regelmäßig nicht möglich. Ist der Arbeitnehmer jedoch durch private Internetnutzung aufgefallen, empfiehlt es sich, diesem zumindest ab sofort die private Internetnutzung schriftlich und wirksam zu untersagen. Sollte er nunmehr erneut das Internet privat während der Arbeitszeit nutzen, liegt ein eindeutiger Vertragsverstoß vor, dem mit einer scharfen Abmahnung bzw. sogar Kündigung begegnet werden kann.

> Arbeitsvertragliche Defizite können behoben werden!

Literatur

Allport, G. W., & Odbert, H. S. (1936). Trait-names, a psycholexical study. *Psychological Monographs, 47*, i-171.

von Au, C. (2017). *Eigenschaften und Kompetenzen von Führungspersönlichkeiten: Achtsamkeit, Selbstreflexion, Soft-Skills und Kompetenzsysteme.* Wiesbaden: Springer.

Becker, J., & Wiese, J. (1999). Informationsmanagement. In H. Corsten (Hrsg.), *Betriebswirtschaftslehre* (S. 542–562). München: Oldenbourg.

Berthel, J., & Becker, J. G. (2007). *Personal-Management: Grundzüge für Konzeptionen betrieblicher Personalarbeit* (8. Aufl.). Stuttgart: Schäffer Poeschel.

Borkowski, J. (2011). *Respektvolle Führung: Wie sie geht, was sie fördert und warum sie sinnvoll ist.* Wiesbaden: Springer Gabler.

Breyer-Mayländer, T. (2015). *Führung braucht Klarheit.* München: Hansen.

Dekker, S. W., & Woods, D. D. (1999). To intervene or not to intervene: The dilemma of management by exception. *Cognition, Technology & Work, 1*, 86–96.

Dobler, M. (2006). *Die vier Erfolgsfaktoren einer beruflich geführten Kommunikation: Eine Theorie von Markus Dobler.* Berlin: Logos.

Dobler, M. (2013). *Führungskompetenz beginnt mit Führungskommunikation: Essays zu Führungsthemen in der Wirtschaft.* Leipzig: KaDo.

Dobler, M. (2016). *Führungskompetenz beginnt mit Führungskommunikation: Essays zu Führungsthemen in der Wirtschaft* (4., komplet. überarb. Aufl.). Leipzig: KaDo.

Dobler, M. (2019). *Umgang mit unfähigen und schwierigen Chefs. Ein kleiner Überblick und grober Leitfaden für Mitarbeiter, die unter ihren Führungskräften leiden.* Leipzig: KaDo.

Dobler, M., & Hoffmann, J. (2015). *Coaching im Überblick. Ein kurzer Leitfaden zum Thema Coaching.* Leipzig: KaDo.

Fengler, J. (2004). *Feedback geben. Strategien und Übungen.* Weinheim: Beltz.

Fieger, J., & Fieger, T. K. (2018). *Führung ist erlernbar: Mit Struktur zur erfolgreichen Führungskraft.* Wiesbaden: Springer Gabler.

Fuchs-Wegner, G. (1987). Management-by-Konzepte. In A. Kieser, G. Reber & R. Wunderer (Hrsg.), *Handwörterbuch der Führung* (S. 1366). Stuttgart: Schäffer-Poeschel.

Glasl, F. (1980). *Konfliktmanagement: Diagnose und Behandlung von Konflikten in Organisationen.* Bern: Haupt.

Hersey, B., & Blanchard, K. (1982). *Management of organizational behavior* (4. Aufl.). Englewood Cliffs: Prentice-Hall.

Hoffmann, C. P., et al. (2016). *Business Innovation: Das St. Galler Modell.* Wiesbaden: Springer Gabler.

Jeuschede, G. (2013). *Grundlagen der Führung: Führungsprozeß, Führungskreis, Führungsfunktion, Führungskonzeptionen – Management by Objectives – Management by Exception – Management by Delegation -Führen nach dem Regelkreismodell, Führungsstil.* Heidelberg: Springer.

Kandler, C. (2013). *Persönlichkeitsentwicklung zwischen Anlage und Umwelt.* Berlin: epubil- Verlagsgruppe Georg von Holtzbrinck.

Kolbusa, M. (2013). *Umsetzungsmanagement: Wieso aus guten Strategien und Veränderungen häufig nichts wird.* Wiesbaden: Springer Gabler.

Lewin, K., Lippitt, R., & White, R. K. (1939). Patterns of aggressive behavior in experimentally created „social climates". *The Journal of Social Psychology, 10,* 269–299.

Malik, F. (2001). *Führen, Leisten, Leben. Wirksames Management für eine neue Zeit.* München: Heyne.

Massini, G. (2019). Das Modell aus Klarheit, Wertschätzung und Motivation. In G. Massini (Hrsg.), *Klarheit und Wertschätzung in der Führung.* Wiesbaden: Springer Gabler.

McClelland, D. C. (1961). *The achieving society.* New York: The Free Press.

Neuberger, O. (2002). *Führen und führen lassen.* Stuttgart: Lucius & Lucius.

Nicolai, C. (2017). *Betriebliche Organisation.* Stuttgart: UTB.

Pekdemir, N. (2005). *Die Rolle von Kommunikation und sozialer Kompetenz. Anforderungen an Führungskräfte im Umgang mit den Mitarbeitern.* München: GRIN.

Retter, H. (2002). *Studienbuch Pädagogische Kommunikation.* Bad Heilbrunn: Klinkhardt.

Rosenstiel, L. (1995). Motivation von Mitarbeitern. In L. Rosenstiel (Hrsg.), *Führung von Mitarbeitern. Handbuch für erfolgreiches Personalmanagement* (S. 161–176). Stuttgart: Schäffer-Poeschel.

Schütz, A. (2016). *Leadership und Führung: Systemisch-Lösungsorientierte Handlungsoptionen für das Krankenhaus.* Stuttgart: Kohlhammer.

Spillmann, K. R., & Spillmann, K. (1989). Feindbilder: Entstehung, Funktion und Möglichkeiten ihres Abbaus. *Internationale Schulbuchforschung, 12,* 253–283.

Sprenger, R. K. (2014). *Mythos Motivation: Wege aus einer Sackgasse.* Frankfurt a. M.: Campus.

Tiefenbacher, A., & Neuburger, R. (2010). *Selbstmanagement.* München: Compact.
Watzlawik, P., Beavin, J. H., & Jackson, D. D. (2007). *Menschliche Kommunikation. Formen, Störungen, Paradoxien.* Bern: Huber.
Wunderer, R., & Grunwald, W. (1980). *Führungslehre.* Berlin: de Gruyter.

3

Lösungsansätze

Welche Lösung soll es für ein derart komplexes Thema mit den zahlreichen komplexen Akteuren geben?

Die Antwort ist schnell gefunden. Gar keine.

Kurz: Es gibt nicht **die** eine Lösung. Es geht vielmehr um ein konsequentes Zusammenführen der Erfolgsfaktoren, die wir in den vorherigen Abschnitten definiert haben. Daher ist der rote Faden des Lösungsaufbaus das KLARA-Prinzip:

KLARA bzw. KLARK

Klarheit
Lösungsorientierung
Achtsamkeit
Respekt
Anpassung/Konsequenz

© Springer Fachmedien Wiesbaden GmbH, ein Teil von Springer Nature 2020
M. Dobler, P. Croset, *Low Performer und schwierige Mitarbeiter erfolgreich führen*,
https://doi.org/10.1007/978-3-658-28863-1_3

3.1 Klarheit verschaffen – Klarheit schaffen

Das richtige Mischverhältnis des Lösungscocktails beginnt zwangsläufig mit der Zutat „Klarheit". Dabei geht es grundsätzlich erst darum, sich Klarheit zu verschaffen, um dann Klarheit zu schaffen.

Dabei geht man in folgenden vier Schritten vor:

1. Sich Klarheit darüber verschaffen, ob z. B. Low Performing vorliegt
2. Klarheit schaffen gegenüber dem Mitarbeiter und ggf. dem nächsten Vorgesetzten,
3. Sich gemeinsam mit dem Mitarbeiter Klarheit verschaffen in Bezug auf die Ursachen
4. Gemeinsam Klarheit schaffen, wie es weitergeht.

Beginnen wir mit dem ersten Schritt des Erfolgsfaktors KLARHEIT.

3.1.1 Sich Klarheit verschaffen

Der erste Schritt besteht darin, dass man sich als Arbeitgeber, als Bereichs- bzw. Abteilungsleiter eingesteht, dass man schwierigen Mitarbeiter oder Low Performer im Team hat.

Korrekter wäre die Aussage: „Ich empfinde den Mitarbeiter als schwierig bzw. als schlecht-leistend".

Die Praxis zeigt, dass es vielen Führungskräften durchaus nicht einfach fällt, sich dies einzugestehen. Die Gründe sind sehr unterschiedlich. Häufig ist es unserer Erfahrung nach ein „schambesetztes" Thema, nicht zuletzt deshalb, weil nicht wenige Führungskräfte glauben, dass man schon die Existenz solcher Mitarbeiter unter den Führungskräfte-Kollegen als „Führungsversagen" interpretiert. Doch sich als Führungskraft einzugestehen, dass man eben nicht mit diesem Thema verschont wurde, ist der erste Schritt zur Klarheit! Diese an sich schlichte Wahrheit ist bereits die erste Hürde, an der viele Führungskräfte, vor allem in großen Unternehmen, scheitern.

Betriebsräte hören es naturgemäß sehr ungern, dass es unter der Belegschaft sogenannte Low Performer geben soll. Sie führen dann häufig ins

Feld, dass die Ursachen für Minderleistungen nicht beim Mitarbeiter liegen, sondern ausschließlich beim Unternehmen.

Viele Unternehmen finden selten aus dieser entbehrlichen Diskussion heraus, und so schieben sich stattdessen beide Parteien die Schuld gegenseitig zu, sodass sich eben nichts ändert.

Dabei wird von Arbeitgebersicht gern übersehen, dass der Betriebsrat ein wichtiger Verbündeter ist, kein Gegner. Denn auch der Betriebsrat (BR) „lebt" von den Stimmen der Belegschaft und nicht selten fordert ein Teil der Belegschaft harte Maßnahmen des Arbeitgebers gegenüber den Schlechtleistern. Denn nicht nur der Arbeitgeber leider unter Mitarbeitern, die ihre Leistung nicht so erbringen, wie vereinbart, sondern in erster Linie die Kollegen, die das kompensieren müssen, was fehlt.

Häufig werden diese Forderungen auch direkt von Teilen der Belegschaft an den BR herangetragen. Dieser steckt dann in einer Art PR-Dilemma, weil er einerseits meint dementieren zu müssen, dass die Firma Low Performer hat, andererseits aber den Bedürfnissen der Kollegen Rechnung tragen soll.

Was also tun?

Die Empfehlung ist an dieser Stelle recht schlicht: unbedingt miteinander reden! Tatsächlich helfen an dieser Stelle klärende Gespräche in gut isolierten Räumen zwischen der Geschäftsleitung und dem BR. Unsere Erfahrung zeigt, dass sich vieles auf diese Weise klären lässt, wenn von beiden Seiten Verständnis für die Lage des anderen aufgebracht wird.

3.1.2 Klarheit schaffen

Im zweiten Schritt geht es darum, diese Klarheit auch den betroffenen Mitarbeitern mitzuteilen.

Es reicht nicht, die Klarheit lediglich auf der einen Seite zu haben. Diese muss auch beim Mitarbeitenden vorhanden sein. Denn nicht selten wird von Arbeitgeberseite über Mitarbeiter gejammert, ohne dass diese wissen, dass sie als Low Performer gesehen oder als schwierig empfunden werden. Stattdessen glauben nicht wenige der betroffenen Mitarbeiter, dass sie eine wichtige Stütze des Unternehmens darstellen und die Firma ohne sie unmittelbar dem Ruin entgegenlaufen würde. Arbeitgeber sind regelmäßig erstaunt bis entsetzt darüber, wie überrascht betroffene Mitarbeiter reagieren, wenn man sie damit konfrontiert, wie sie im Unternehmen wahrgenommen werden.

3.1.2.1 Das Mitteilen unangenehmer Botschaften

Doch wie teilt man einem Mitarbeiter mit, dass man nicht mit der Leistung oder dem Verhalten einverstanden ist, und dass man eine andere Sicht auf den Mitarbeiter hat, als er selbst?

Hier zeigt unsere Erfahrung, dass Mitarbeitern über die sogenannte „Hamburger"-Methode versucht wird, die unangenehme Botschaft zu vermitteln oder mit einer wenig zielführenden Klarheit versucht wird, den Mitarbeiter davon zu überzeugen, dass er als z. B. als Low Performer gesehen wird. Der Hamburger ist dabei lediglich ein Symbolbild für die Art der Kritikvermittlung:

Das Fleischstück als Symbol für die Kritik wird zwischen zwei Brötchenhälften gepackt. Das erste Brötchen symbolisiert jeweils das „Gute", das man dem Mitarbeiter mitteilt, um hinterher die eigentliche Kritik zu platzieren. Das zweite Brötchen symbolisiert das „Gute", das man nach der Kritik platziert, um dem Mitarbeiter dennoch ein gutes Gefühl mit auf den Weg zu geben. Das führt erfahrungsgemäß nahezu unweigerlich dazu, dass die Mitarbeiter mit einem sehr positiven Gefühl aus dem Gespräch gehen und die eigentliche Botschaft (das Fleisch) nicht in ausreichendem Maße wahrnehmen.

Dies liegt in erster Linie am sogenannten Primär- und Rezenzeffekt. Dabei werden, psychologisch vereinfacht ausgedrückt, der Anfang und das Ende eines Gesprächs oder eines Prozesses besonders gut im Gedächtnis behalten, während die Ereignisse dazwischen gern vergessen werden. Daher ist das schöne „Verpacken" von unangenehmen Botschaften in Wahrheit keine echte Option. Denn der Empfänger freut sich entweder über die „Verpackung" und bemerkt den eigentlichen Inhalt gar nicht oder aber er bemerkt den Inhalt irgendwann und fühlt sich auf den Arm genommen. So oder so ist die Wahrscheinlichkeit eines erfolgreichen Gesprächsausgangs eher gering.

Die andere Methode, die auch häufig genutzt wird, ist jene der direkten Ansprache. Es wird sich aus oben genannten Gründen bewusst auf die Kernbotschaft konzentriert, indem man diese direkt vorbringt. Diese Methode führt insbesondere bei Mitarbeitern, die als schwierig gesehen werden, dazu, dass sie naturgemäß Beispiele haben wollen, die „beweisen" sollen, dass der Eindruck richtig sei. Und diese Art von Diskussionen enden stets mit Endlosschleifen, bei denen Beispiel um Beispiel gebracht und sofort vom Mitarbeiter relativiert werden, bis sich bei der Führungskraft die pure Verzweiflung breit macht, weil die Botschaft einfach nicht ankommen will.

Dabei verlieren sich beide Parteien immer mehr auf Nebenkriegsschauplätzen, die ebenfalls ohne Ergebnis enden. Am Ende trennen sich zwei vollkommen frustrierte Diskutanten, die den anderen jeweils für komplett unzurechnungsfähig halten. Diese Art der Gespräche sind für die Betroffenen in der Regel nicht nur langwierig, sondern vor allem sehr anstrengend.

3.1.2.2 Bilder sagen mehr als 1000 Worte

Wir möchten an dieser Stelle nun zwei Methoden vorstellen, die sich in der Praxis und bei der Führungskräfte-Schulung hundertfach bewährt haben (Dobler 2012).
    Es handelt sich um

1.) die Balken-Methode (siehe Abb. 3.1) und
2.) die Koordinaten-Methode.

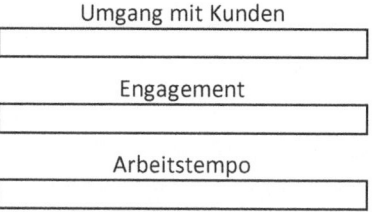

Abb. 3.1 Balken-Methode. © Dobler 2019. All Rights Reserved

Bei beiden Methoden geht es darum, die eigentliche Botschaft zu visualisieren, um einerseits zu verhindern, dass sich das Gespräch auf Nebenkriegsschauplätzen verliert, und andererseits zu gewährleisten, dass die Botschaft auch wirklich beim Mitarbeiter ankommt.

Der Gesprächsaufbau ist bei beiden Methoden gleich. Es beginnt mit den Einleitungssätzen, den üblichen Gepflogenheiten eines Personalgesprächs, mit Begrüßung, mit einem kleinen Dank, dass der Mitarbeiter hergekommen ist usw. sowie einer kleinen Einleitung, weshalb man um dieses Gespräch gebeten hat.

Gerade bei der Einleitung wird in der Praxis häufig der Fehler gemacht, dass um den heißen Brei herumgeredet wird, bis das Misstrauen des Mitarbeiters seinen Höhepunkt erreicht und er so die Gesprächsbereitschaft verloren hat, noch ehe das Gespräch begonnen hat.

Bewährt hat sich in der Praxis z. B. folgende Einleitung:

> **Einleitung**
>
> *„Frau Blau, weshalb habe ich um dieses Gespräch gebeten? Ich bin der Ansicht, dass es an der Zeit ist, unser Arbeitsverhältnis einmal zu resümieren. Da gibt es vieles, das mir gefällt und einiges, das mir nicht gefällt. Beides muss heute einmal auf den Tisch, Frau Blau.“*

Bei diesem Einstieg wird schnell klar, dass es sich nicht um eine Formalie handelt, die man/sie erneut aussitzen kann.

3.1.2.2.1　Die Balken-Methode

Als Vorbereitung zeichnet man auf einem leeren Blatt mehrere Balken ein. Über diesen Balken stehen die wichtigen Themen/Kriterien (siehe oben) geschrieben, siehe Abb. 3.1.

> **Beispielhafter Gesprächsbeginn**
>
> *„Es geht heute darum, dass ich Ihnen meine persönliche Einschätzung zu Ihrer Leistung wiedergebe. Diese Einschätzung kann richtig oder falsch sein – und „Wahrnehmung" kommt im Übrigen nicht von „wahr". Es ist*

> sozusagen nur ein Spiegel Ihres Vorgesetzten, wie sie wahrgenommen werden. Wollen wir anfangen?
> In meinem Team sind mir mehrere Kriterien sehr wichtig. Ich habe diese nun über jeweils einen Balken geschrieben, hier", (jetzt wird das vorbereitete Blatt vorgezeigt), „Ich möchte Ihnen nun mit Hilfe dieser Balken aufzeigen, wie ich Sie wahrnehme.
> Ich werde nun jeden Balken soweit mit Grün ausmalen, wie ich meine, dass Sie diese Kriterien erfüllen, und mit Rot dann das, was übrigbleibt."

3.1.2.2.1.1 Durchführung

Nun beginnt man mit einem grünen Stift jene Kriterien-Balken auszufüllen, die der Mitarbeiter besonders gut kann oder gut erfüllt, um ihm das Gefühl zu geben, dass auch anerkannt wird, was er oder sie besonders gut kann. Dies öffnet in der Regel die Tür für die kritischen Themen.

Beginnt man mit dem Negativen, hat man es hinterher deutlich schwerer, beim Mitarbeiter Offenheit für Kritik zu erzeugen.

Wenn also jemand schnell, aber unsorgfältig arbeitet, könnten positive Themen beispielsweise die Balken „Engagement" und „Arbeitstempo" sein.

Daraufhin fährt man mit jenen Kriterien fort, die beim Gesprächspartner für optimierbar gehalten werden. Die entsprechenden Balken werden dann z. B. nur zu 2/3, zur Hälfte oder weniger mit grün ausgefüllt. Dann wird mit einem roten Stift die restliche Fläche innerhalb des Balkens ausgefüllt. Ein Beispiel ist in Abb. 3.2 dargestellt.

Wollen Sie den Gesprächs-Fokus auf ein ganz bestimmtes, Ihnen vordringlich wichtiges Thema legen, kann es auch ratsam sein, bei allen übrigen Themen die rote Farbe ganz wegzulassen, auch wenn der Balken nicht vollständig grün ist – im Sinne von *„Ist erstmal ok"*. So kann die Farbe Rot als Signal- oder Warnfarbe in Verbindung mit dem einen wichtigen Thema ihre volle Wirksamkeit entfalten.

Videomaterial zur Balken-Methode ist online abrufbar (siehe Abb. 3.3).

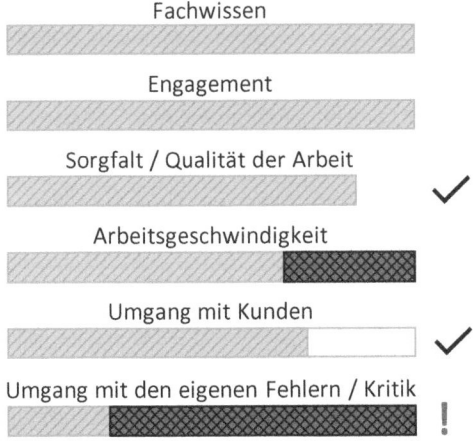

Abb. 3.2 Beispielergebnis. © Dobler 2019. All Rights Reserved

Abb. 3.3 QR-Code für Videomaterial zur Balken-Methode. © Dobler 2019. All Rights Reserved

3.1.2.2.1.2 Die Wirkung

Während erfahrungsgemäß die vollständig grünen Balken noch kritiklos hingenommen werden und sich der Mitarbeiter zumeist darüber freut, besteht bei den Balken mit roter Farbe die Gefahr, dass sich Widerstand regt. In aller Regel führt dies unweigerlich zu der Frage „*Wieso das denn?*" oder „*Wie kommen Sie darauf?*"

In einem Kritikgespräch besteht die Hauptgefahr darin, dass Kritiker und Kritisierte auf Nebenkriegsschauplätze ausweichen oder sich in Beispielen verlieren.

Von daher sollte man, wenn irgend möglich, **keine Beispiele** nennen, denn sonst neigt der Kritisierte dazu, zu „beweisen", dass es sich bei den Beispielen um Sonderfälle und Ausnahmen handelt.

Stattdessen sollten Fakten und die eigene Einschätzung dazu in den Vordergrund gestellt werden. Beispiele zu diskutieren ist zu vermeiden, denn jedes Beispiel kann zur Ausnahme erklärt und damit „umgedeutet" werden.

3.1.2.2.1.3   Die Wette

Sollte sich das Nennen von Beispielen nicht verhindern lassen, kann man die Umdeutung eines der Beispiele allerdings als Argument für den eignen Standpunkt verwenden – in diesem Sinne kann man dem Mitarbeiter für den Fall, dass er auf Beispielen besteht, die „Wette" vorschlagen, dargestellt in Abb. 3.4.

„Ok, Sie wollen unbedingt Beispiele haben. Kann ich verstehen. Wie ich schon erläutert habe, möchte ich das nicht. Ich mache mit Ihnen eine Wette: Ich werde Ihnen nun drei Beispiele nennen", (diese sollten möglichst „einwandfrei" sein!) „und Sie werden mir 3 mal erklären oder beweisen, dass dies Sonderfälle sind oder schlechte Beispiele - oder dass alles ganz anders gewesen ist. Wollen wir es dennoch versuchen mit den Beispielen?"

Die Erfahrung zeigt, dass kaum ein Mitarbeiter jetzt noch nein sagt. Beginnen Sie mit dem Aufzählen der Beispiele. Legen Sie keine Emotionen oder Bewertungen in die Erzählung, auch wenn es manchmal schwerfällt. Sollte nach dem ersten Beispiel ein Widerspruch oder eine Erläuterung folgen, gehen Sie unter keinen Umständen darauf ein! Sagen Sie lediglich:

„Mhm ok. Zweites Beispiel".

Nun zählen Sie das zweite Beispiel auf. Auch hier gehen Sie auf keinen Fall auf irgendwelche Behauptungen oder Richtigstellungen seitens des Mitarbeiters ein. Auch hier lediglich:

„Mhm ok. Drittes Beispiel".

Nach dem dritten Beispiel beenden Sie das Ganze mit dem Kommentar:

„Sehen Sie, ich habe meine Wette gewonnen. Ich habe drei Beispiele aufgezählt und dreimal haben Sie mir erklärt, dass alles ganz anders gewesen ist. Wir stellen fest: Beispiele bringen uns nicht weiter! Daher nehmen Sie das, was Sie da sehen, einfach als das, was es ist: Meine Einschätzung zu Ihrer Leistung."

Abb. 3.4   Beispielhafter Ablauf der Wette.

Sollte der Mitarbeiter in keinem der Fälle widersprochen haben, haben Sie zwar die Wette verloren, doch der Mitarbeiter weiß nun, weshalb er so eingeschätzt wird. So hat die Situation so oder so ihren Nutzen; doch nur, wenn man sich nicht in die Nebenkriegsschauplätze verwickeln lässt.

3.1.2.2.1.4   Der Abschluss

Nachdem der Ist-Zustand eingeschätzt wurde, ist nun die wichtigste Frage noch offen und muss mit dem Mitarbeiter geklärt werden: *„Was konkret werden Sie tun, um bei Balken X in den grünen Bereich zu kommen? Und wie kann ich Sie dabei unterstützen?"*

Wichtig dabei ist es, niemals die Frage zu stellen *„was **wir** tun können"* oder *„was **ich** tun kann"*. Entscheidend ist es auch, sich nicht mit allgemeinen Sprüchen, wie *„ich werde versuchen ... "* abspeisen zu lassen.

Die entscheidende Frage lautet: *„Was konkret werden Sie tun?"*

Das Ergebnis sollte in jedem Fall schriftlich festgehalten werden.

3.1.2.2.2   Die Koordinaten-Methode

3.1.2.2.2.1   Anwendung bei mangelndem Problemlöseverhalten

Diese Methode eignet sich grundsätzlich, wenn man den Mitarbeiter sehr gezielt auf einen Missstand hinweisen möchte. In diesem Fall ist diese Methode in der Regel erfolgversprechender als die Koordinaten-Methode.

So ist sie dann ideal, wenn es z. B. um das Problemlöseverhalten eines Mitarbeiters geht, denn viele Teams sind auf Mitarbeiter angewiesen, die selbstständig ihre Probleme lösen, die zwangsläufig in jedem Arbeitsalltag auftreten. Das ist insbesondere dann der Fall, wenn das Team durch wenig Prozessstruktur getragen wird.

Soll also in einem Gespräch genau das Problemlöseverhalten eines Mitarbeiters thematisiert werden, kann sein Vorgesetzter ihn bitten, sich anhand der folgenden Grafik selbst einzuschätzen.

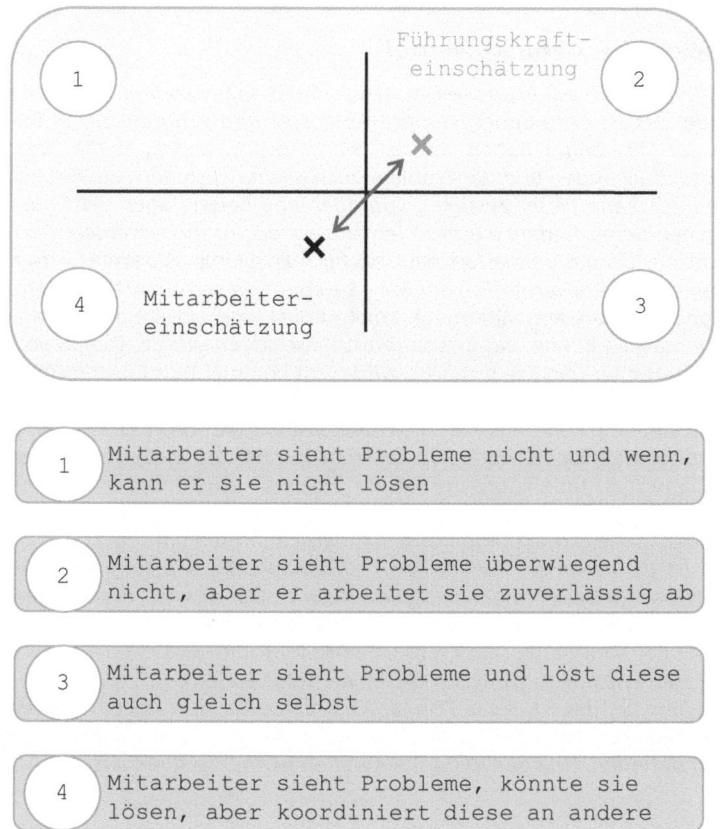

Abb. 3.5 Darstellung der Koordinatenmethode. © Dobler 2019. All Rights Reserved

Dabei zeichnet der Vorgesetze ein Rechteck und beschriftet es wie in Abb. 3.5 dargestellt.

Jetzt wird der Mitarbeiter aufgefordert, sich selbst einzuschätzen und einfach ein Kreuz dort hinzusetzen, wo er sich einschätzt.

Um die Grafik verständlicher zu machen, kann die Führungskraft ein Beispiel aus der Autowerkstatt erklären.

Beispielhafter Gesprächsverlauf

„Stellen Sie sich eine Autowerkstatt vor. Eines Tages kommt zu Ihnen ein Kunde, dessen Auto undefinierbare Geräusche von sich gibt. Wenn Sie einen 3er-Mitarbeiter haben, können Sie dem sagen, dass er die Ursache selbst herausfinden und das Problem auch alleine abstellen soll. Haben Sie einen 2er, kann dieser zwar gut Lösungen abarbeiten, aber nicht gut die Ursachen herausfinden; das muss jemand anders für ihn erledigen. Der 1er macht nur Unsinn und liefert hauptsächlich Probleme. Als Werkstatt-Inhaber sind Sie selbst vermutlich der 4er – Sie koordinieren die Arbeit anderer."

Nun stellt man dem Mitarbeiter konkret die Frage, ob er ein Kreuz an die Stelle machen könne, wo er sich selbst einschätzen würde. Die Stelle, wo der Mitarbeiter sein Kreuz macht, wird nicht kommentiert (auch nicht nonverbal!).

Nun stellt die Führungskraft die Frage: *„Ist das ok, wenn ich einmal mein Kreuz dorthin mache, wo ich Sie sehe?"* Die Antwort wird nicht abgewartet. Dann macht die Führungskraft ihr eigenes Kreuz (möglichst mit einer anderen Farbe).

Liegen die Einschätzungen auseinander, kann die Führungskraft sagen: *„Das ist genau unser Thema. Denn ich schätze Sie wie folgt ein … und würde das Kreuz an folgende Stelle setzen … Über genau diese Differenz unserer beiden Sichtweisen wollen wir heute sprechen."*

Setzt der Mitarbeiter sein Kreuz an eine Stelle, die der Sichtweise des Vorgesetzten entspricht, kann sich dieser wie folgt äußern:

„Sehen Sie, das ist unser Thema. Ich schätze Sie auch so ein. Wir wünschen uns jedoch, dass Sie sich hier (im für das Unternehmen grünen Bereich) befinden. Und genau darüber wollen wir heute sprechen."

3.1.2.2.2.2 Anwendung bei gewerblichen Mitarbeitern

Die Koordinaten-Methode ist zusammen mit jeder beliebigen Grafik anwendbar, wie das nächste Beispiel zeigt (siehe Abb. 3.6).

Hier geht es um den Zusammenhang zwischen Qualität und Arbeitsgeschwindigkeit. Das grüne Feld symbolisiert ideale Mitarbeiter, die schnell hohe Qualität liefern. Das orange Feld stellt Mitarbeiter dar, die zur Lieferung hoher Qualität viel Zeit brauchen. Das gelbe Feld ist Mitarbeitern zugeordnet, die schnell und schlampig arbeiten. Und das rote Feld kennzeichnet Mitarbeiter, die langsam arbeiten und minderwertige Ergebnisse erzielen.

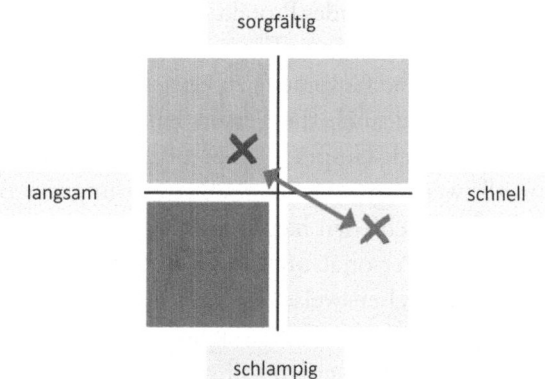

Abb. 3.6 Anwendungsbeispiel der Koordinatenmethode. © Dobler 2019. All Rights Reserved

Auch hier kann der Vorgesetzte den Mitarbeiter bitten, sich selbst einzuschätzen, um anschließend über eine etwaige Diskrepanz der Verortungen zu diskutieren.

Sollte bei dieser Variante ebenfalls der Wunsch nach Beispielen aufkommen, empfiehlt es sich so zu reagieren, wie schon bei der Balken-Methode – mit der Wette.

Vorrangiges Ziel dieser Methode ist es, den Mitarbeiter mit einem Fremdbild zu konfrontieren und eine Diskussionsgrundlage zu schaffen. Dies ist immer dann sinnvoll, wenn ein vollkommen verzerrtes Selbstbild beim Mitarbeiter vorhanden ist.

3.1.2.3 Das Mitteilen an den Vorgesetzten

Nicht selten muss auch dem nächst höheren Vorgesetzten mitgeteilt werden, dass Mitarbeiter XY eben als Low Performer bzw. als „schwierig" wahrgenommen wird.

Dies ist meist mit wenig Widerständen verbunden. Es gibt jedoch Fälle, in denen sich der nächsthöhere Vorgesetzte weigert, diese Wahrnehmung als solche anzuerkennen. Die Gründe sind ebenso heterogen, wie es Vorgesetzte gibt. Nicht selten gibt es eine direkte Verbindung zwischen dem besagten Mitarbeiter und dem nächsthöheren Vorgesetzten, z. B. ein auf privater Bekanntschaft gründendes Protektions-Verhältnis. In solchen Fällen wird es besonders schwer, dieses Thema zu vermitteln.

Eine Möglichkeit, solche Gespräche zu erleichtern, besteht darin, den eigenen Vorgesetzten und auch die Personalabteilung zum ursprünglichen Mitarbeiter-Feedback-Gespräch dazu zu bitten. Dies ist insbesondere dann sinnvoll, wenn man sich zur Übermittlung der Botschaft für die Balken-Methode entschieden hat. Dann erkennen sowohl der eigene Vorgesetzte als auch die Personalabteilung, wie konstruktiv und lösungsorientiert die eigene Vorgehensweise ist. Das schafft eine gute Gesprächsgrundlage für den Fall, dass im Nachhinein schwierige Gespräche mit dem Vorgesetzten notwendig werden sollten.

Eine andere Option ist es, den Vorgesetzten zu diesem Thema separat aufzusuchen und mit ihm die Thematik zu erörtern. Dabei geht es nicht darum, diesen um Rat zu fragen oder die eigene Hilflosigkeit darzustellen. Es geht darum, diesen vorab zu informieren,

A. dass ein Problem mit dem Mitarbeiter besteht und
B. wie man selbst als Verantwortlicher dem Mitarbeiter gegenüber in diesem Fall vorzugehen gedenkt

Auch der nächsthöhere Vorgesetzte möchte keine zusätzlichen Probleme auf den Tisch kriegen, sondern Lösungen.

Videomaterial zur Koordinatenmethode ist online abrufbar (siehe Abb. 3.7).

für Projekt-   für gewerbliche
mitarbeiter   Mitarbeiter

Abb. 3.7 QR-Code für Videomaterial zur Koordinatenmethode. © Dobler 2019. All Rights Reserved

3.1.3 Gemeinsam Klarheit verschaffen in Bezug auf die Ursachen

Im dritten und letzten Schritt geht es um die Ursachenklärung. Dabei steht die Frage im Mittelpunkt, wie es überhaupt zum Low Performing kommen konnte oder was genau den oder die Mitarbeiter denn so „schwierig" macht und inwieweit gegebenenfalls auch der unmittelbare Vorgesetzte Teil des Problems ist. Dieser Part der Klärung bedarf zunächst der wirklichen Bereitschaft, echte Ursachen zu ergründen und nicht die Absicht, „Beweise" zu sammeln, um Schuldzuweisungen zu untermauern. Ohne diese Bereitschaft gibt es keine Chance auf eine Verbesserung der Situation, sondern lediglich eine Verhärtung der Fronten.

An dieser Stelle blicken wir noch einmal auf die Fragestellung, die wir in Abschn. 1.3 gestellt haben. „Wozu haben Führungskräfte eigentlich Mitarbeiter?" Die Antwort lautet: Damit sie es nicht selbst machen müssen!

Dazu, so zeigt die Erfahrung, wollen Führungskräfte die termingerechte Lieferung dessen, was sie beauftragt haben. Demnach stellt sich die Frage: Was hindert den Mitarbeiter eigentlich daran termingerecht zu liefern?

Die Antwort liegt in der Leistungsformel Können x Wollen x Dürfen, die wir in Kap. 2 näher spezifiziert haben: Es hat sich durchaus bewährt, diese Formel dem betroffenen Mitarbeiter vorzulegen und ihn zu fragen, welcher der Faktoren ihm konkret Schwierigkeiten bereitet. Durch diese Einbindung des Mitarbeiters wird dieser auch gezwungen, sich und seine Situation zu reflektieren, und dies eben nicht frei, sondern sehr systematisch und konstruktiv (Abb. 1.5).

Die dazu passende Einleitung könnte wie folgt aussehen:

Einleitung

„Ziel dieses Gesprächs ist es heute gemeinsam herauszufinden, was Sie konkret hindert, jene Leistung an den Tag zu legen, um die Aufgaben/Aufträge termingerecht abzuliefern.

Dazu habe ich einmal eine Formel nach Dr. Dobler ausgedruckt, die nahezu alle relevanten Faktoren aufzeigt, die erfüllt werden müssen, um Leistung überhaupt abgeben zu können. Ich würde Sie nun bitten, sich diese einmal anzusehen und einmal jene Faktoren anzukreuzen, die Ihnen in irgendeiner Form Schwierigkeiten bereiten."

Nachdem der Mitarbeiter also anhand der Leistungsformel eventuelle Baustellen lokalisiert hat, geht es darum, den Mitarbeiter dazu zu bringen, seine Sicht der Dinge darzulegen. Dies ist meist gar nicht so einfach, da das gegenseitige Vertrauen selten sehr weit reicht. Dies ist ein weiterer Grund, externe und vor allem neutrale Experten hinzuzuziehen. Diesen gelingt es meist deutlich besser, die Mitarbeiter zu motivieren, über mögliche Baustellen im Unternehmen oder im privaten Bereich zu sprechen.

Doch selbst wenn dies gelingt, stellen wir in der Praxis immer wieder fest, dass der Gesprächsführer (meist der Vorgesetzte selbst) zu jeder Äußerung des Mitarbeiters sofort Stellung bezieht und versucht, diese zu relativieren oder sogar zu „beweisen", dass die Äußerung absurd ist. Geschieht dies in einem solchen Gespräch auch nur ein bis zwei Mal, zieht sich der Mitarbeiter (zu Recht) zurück und leistet keinen weiteren substanziellen Redebeitrag.

Entscheidend ist demnach, dass der Gesprächsführer die Antworten **NICHT** kommentiert.

Dies ist für den Vorgesetzten erfahrungsgemäß sehr schwer, weswegen es sich tatsächlich empfiehlt, einen externen und neutralen Coach einzusetzen. Ein weiterer Grund, dieses Gespräch nicht allein dem Vorgesetzten zu überlassen, besteht darin, dass der Vorgesetzte sehr häufig selbst ein Teil des Problems ist, wie wir in den Kapiteln zuvor festgestellt haben.

In solchen Fällen ist die Wahrscheinlichkeit sehr hoch, dass sich der Vorgesetzte und sein Mitarbeiter in einer Art Endlosschleife festbeißen und zu keiner befriedigenden Lösung kommen.

Sollte es aus firmenpolitischen Gründen nicht möglich sein, einen Externen dazu zu nehmen, empfiehlt es sich zumindest die VXY-Methode nach Dr. Dobler ins Gespräch einzubauen, denn gerade bei der gemeinsamen Ursachenfindung ist es wichtig, sich vor Augen zu führen, dass es naturgemäß verschiedene Sichtweisen gibt, wie es zu der heutigen Situation gekommen ist.

Symbolisch kann man dieses als V darstellen. Wobei die nach unten gerichtete Spitze des Vs die heutige Situation darstellt, und die beiden Enden die Sicht der beiden Gesprächsteilnehmer, wie es zu der heutigen Situation gekommen ist. Siehe Abb. 3.8.

Ab dem hier und heute stellt sich lediglich die Frage, ob aus dem V ein X wird oder ein Y. Bei einem X haben beide Parten auch weiterhin unter-

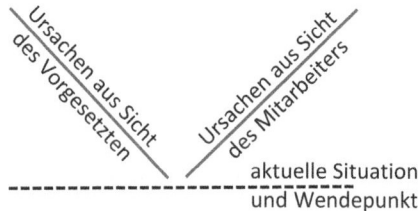

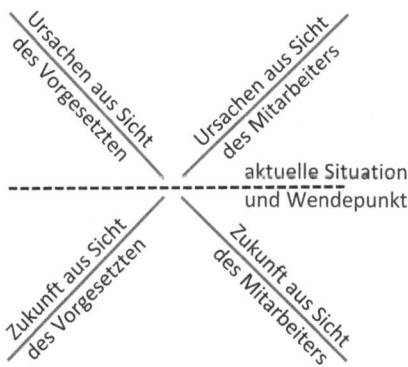

schiedliche Ziele und Vorstellungen, wie es weitergehen soll bzw. ob es überhaupt weitergehen kann (siehe Abb. 3.9).

Bei einem Y sind sich beide einig, dass es weitergeht und auch in Bezug auf die Vorgehensweise und die Zukunft herrscht Einigkeit (siehe Abb. 3.10).

In der Praxis hat es sich sehr bewährt, das VXY-Schema als Ausgangspunkt zur gemeinsamen Erforschung der Problemursachen einzusetzen.

Der Einleitungstext könnte wie in Abb. 3.11 lauten.

Durch das V wird jede Partei nochmal erinnert, dass es kein „richtig" oder „falsch" gibt, sondern lediglich Sichtweisen. So gelingt es besser, die Hinweise des Mitarbeiters einfach erst einmal aufzunehmen. Natürlich neigen viele Menschen dazu, die Ursache zunächst bei den anderen zu suchen. Man nennt dies in der Psychologie „externalisieren".

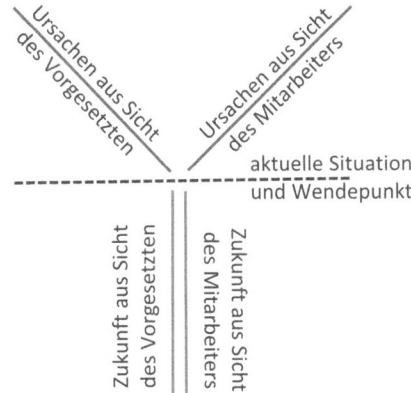

Abb. 3.10 XY-Entscheidungsfrage – Einigkeit (Y). © Dobler 2019. All Rights Reserved

Abb. 3.11 Beispielhafte Gesprächseinleitung. © Dobler 2019. All Rights Reserved

Doch es geht darum, die Wahrnehmung des Mitarbeiters ernst zu nehmen und damit den in der Regel hehren Zielen und Proklamationen der eigenen Firmen-Philosophie gerecht zu werden.

Wenn der Mitarbeiter also aussagt, dass er keine genauen Zielangaben (nach MMT) erhalten habe, sollte man das nicht auf die leichte Schulter nehmen, denn die Wahrscheinlichkeit, dass dieser Tatbestand zutrifft, ist sehr hoch, wie wir in dem Kap. 2 unter KLARA festgestellt haben.

Ebenso wird häufig das Thema „mangelnde Informationen" genannt. Bei den Informationen ist es hilfreich, genau zu unterscheiden, ob der Mitarbeiter von benötigten, vorhandenen oder in Wahrheit von gewünschten Informationen spricht. Häufig verwechseln Mitarbeiter die gewünschten Informationen mit denen, die sie wirklich benötigten, um einfach ihren Job zu machen.

Deshalb ist das Thema mangelnde Informationen immer ein dankbarer Gesprächseinstieg, wenn Mitarbeiter diese Ursachen nennen. Hier zeigt sich z. B. sehr deutlich, dass es keine Nachteile hat, wenn man seinen Gesprächspartner ernst nimmt und genauer nachfragt, statt unnötigerweise versucht zu „beweisen", dass die Einschätzung des Mitarbeiters gar nicht stimmt.

Allein die Frage, was denn anders wäre, wenn der Mitarbeiter die gewünschten Informationen hätte, wird mit hoher Wahrscheinlichkeit zu reflektiven Aha-Erlebnissen führen. Auch der Hinweis, dass der Informationsaustausch keine Einbahnstraße ist, und es neben der Bring- auch eine Holschuld gibt, wird erfahrungsgemäß weitere Reflektionen auslösen.

Auch das Thema „dürfen" wird gerne problematisiert. Auch hier hilft die Frage weiter, was denn genau anders wäre, wenn der Mitarbeiter von nun an dürfte, was er vorher offenbar nicht durfte.

Die genaue Nachfrage danach, was sich der Mitarbeiter wünscht zu dürfen, gibt bereits erheblichen Aufschluss darüber, welche Sicht der Mitarbeiter hat. Häufig nutzen Mitarbeiter die Begründung, dass sie etwas nicht dürfen, dafür, etwas nicht tun zu müssen.

Gemeinsam die Ursachen zu eruieren bedeutet keinesfalls „Schuldige" zu ermitteln. Es geht darum, künftig zu verhindern, dass dieselben Ursachen wieder zum erneuten Stolperstein werden, nachdem man ggf. einen gemeinsamen Neustart initiiert hat. Und es geht darum, dem Mitarbeiter die Möglichkeit zu geben, fair seine Situation zu reflektieren und sich auch dazu zu äußern.

3.1.4 Gemeinsam Klarheit schaffen, wie es weitergeht

Wenn sich Betroffene Klarheit verschafft haben und gegenüber dem Mitarbeiter und Vorgesetzten Klarheit geschaffen haben, darüber hinaus auch die Ursachen geklärt wurden, stellt sich zwangsläufig die Frage, wie man die neu gewonnene Klarheit im Arbeitsalltag für alle Beteiligten gewinnbringend umsetzt. An diesem Punkt kommt dem Erfolgsfaktor „Lösungsorientierung" eine zentrale Rolle zu.

Im Wesentlichen geht es bei diesem Kapitel darum, beim Mitarbeiter eine klare Botschaft zu platzieren.

Die Botschaft lautet im Groben:

> „Was bis jetzt war, ist Vergangenheit. Ab jetzt läuft es anders!"
> Man könnte auch sagen: Neue Zeiten, neue Regeln!

Wie die „neuen Zeiten" genau aussehen ist dann Bestandteil des dritten oder vierten Gesprächs mit dem Mitarbeiter.

Es empfiehlt sich, den Mitarbeiter mit einzubeziehen, insbesondere was seine Pflichten betrifft. Aber auch dessen Vorgesetzter muss in die Pflicht genommen werden, denn wie bereits festgestellt, ist dieser fast immer Bestandteil des Problems.

Um auch den Vorgesetzten mit ins Boot zu holen, bedarf es entweder eines neutralen Externen, eines möglichst neutralen Vorgesetzten der nächsten Stufe oder einen sehr selbstreflektierten Vorgesetzten, der die Aussagen des Mitarbeiters und dessen Wünsche für die Zukunft nicht bekämpft, sondern respektiert und versucht, diese konstruktiv zu konkretisieren.

An dieser Stelle muss auch deutlich gemacht werden, dass Abweichungen von den vereinbarten künftigen Verhaltensweisen für den Mitarbeiter sofortige Konsequenzen nach sich ziehen müssen. Dies müsste natürlich auch für den Vorgesetzten gelten, doch dies ist aus gesichtswahrenden Gründen meist nicht durchführbar.

Eine Option könnte beispielsweise sein, dass der Mitarbeiter und der Vorgesetzte sich separat darüber Gedanken machen, was sie sich vom jeweils anderen wünschen. Dabei sollte man sich auf maximal 6 Wünsche beschränken. Diese müssen möglichst konkret sein und sich auf ein ganz bestimmtes Verhalten beziehen. Ein solcher Verhaltens-Veränderungswunsch des Mitarbeiters an seinen Vorgesetzten könnte beispielsweise das konkrete Benennen einer Zielsetzung bei der Vergabe einer Aufgabenstellung sein oder der Wunsch des Vorgesetzten an den Mitarbeiter, dass er alle drei Tage den aktuellen Zwischenstand meldet.

Wünsche wie „freundlicher sein" oder „teamfähiger und aufgeschlossener" zu sein sind unbrauchbar, da sie zu viel Interpretationsspielraum lassen und kaum messbar sind. Auch hier gilt MMT: Im Anschluss dazu wird gemeinsam jeder Wunsch erörtert und auf Machbarkeit, Messbarkeit und Terminierung (MMT) hin überprüft und damit die Umsetzung letztlich auch gemeinsam beschlossen.

Alternativ dazu kann der Vorgesetzte einfach mitteilen, wie es künftig zu laufen hat. Die Erfahrung zeigt jedoch, dass dies wenig erfolgsversprechend ist, als wenn man den Mitarbeiter in den Lösungsfindungsprozess mit einbezogen hat.

3.2 Lösungsorientierung statt Problemorientierung

Gespräche sind in jedem Fall unentbehrlich. Ohne Gespräche zwischen den Betroffenen besteht kaum eine Chance auf Verbesserung der Situation.

Allerdings bergen Gespräche, in denen man gemeinsam Problemursachen erörtert, die große Gefahr, dass sich beide Konfliktparteien gegenseitig mit Schuldzuweisungen überhäufen.

Vor Schuldzuweisungen ist grundsätzlich abzuraten. Es ist nicht nützlich, sich darüber zu unterhalten, wer nun wie Schuld an der Entstehung einer Situation hat. Das ist so, als ob man darüber diskutieren würde, wie der Fisch an Land gespült wurde und wer daran die Schuld trägt (Problemorientierung), während der Fisch langsam erstickt. Es müsste stattdessen darum gehen, wie der Fisch schnellstmöglich wieder in sein Element kommt (Lösungsorientierung).

Gespräche und Handlungen müssen demnach lösungsorientiert sein, also in die Zukunft gerichtet. Dies ist zwar einfach gesagt, für die Betroffenen jedoch meist sehr schwer, weil die Klärung der Schuldfrage beinahe reflexhaft das Kommunikationsverhalten in Problemgesprächen beherrscht.

Nahezu alle Betroffenen neigen dazu, Eindrücke oder Beschreibungen des anderen „richtig" zu stellen. Dies ist zwar wie gesagt zutiefst menschlich, jedoch nicht nützlich. Im Gegenteil, denn es zieht die Diskussion immer wieder in die Vergangenheit – und die lässt sich nicht mehr korrigieren. Das einzige, dass sich beeinflussen lässt, ist die Zukunft.

Es geht also um eine Änderung der eigenen Einstellung bzw. der eigenen Gewohnheit, wenn man merkt, dass man eher problemorientiert denkt und handelt.

3.3 Achtsamkeit im Alltag mehr spüren (lassen)

In diesem Kapitel geht es darum, die nötige Achtsamkeit in den Führungsalltag einzubauen.

Achtsamkeit in der Führung bringt viele Nutzen mit sich. Einer davon wird sein, dass man als Führungskraft z. B. Abweichungen schneller registriert. Dies können beispielsweise Mitarbeiter sein, die nicht mehr motiviert wirken, die gegenseitige Spannung unter sich haben oder Mitarbeiter, die mit bestimmten Situationen plötzlich über- oder unterfordert sind.

Das rechtzeitige Registrieren bringt den Vorteil, dass man als Führungskraft nicht ständig von neuen Ereignissen überrascht wird. Man hat die Chance, diese vorab zu erahnen und frühzeitig Maßnahmen einzuleiten.

Achtsamkeit bietet die Möglichkeit, rechtzeitig zu agieren, statt ständig überhastet reagieren zu müssen.

Achtsamkeit in der Führung bezieht sich jedoch nicht nur auf die Mitarbeiter. Achtsamkeit bezieht sich auch auf sich selbst als Führungskraft. Was macht diese oder jene Situation mit mir? Bin ich aktuell zufrieden? Wie klar ist das, was ich eigentlich will, wirklich formuliert? Wie sind meine konkreten Verhaltensmuster zu bestimmten Situationen? Was sind meine Anteile an der Situation?

Achtsamkeit ist sehr mannigfaltig und es gibt nicht **die** Achtsamkeit. Vielmehr bedeutet Achtsamkeit, sich **im Hier und Jetzt** zu befinden.

Dazu gibt es eine kleine Geschichte des Zen-Meisters Steiner (2012), die sinngemäß so erzählt werden kann:

In einem Kloster fragen die Schüler eines Tages den Meister, was ihn denn so sehr unterscheide von ihnen als Schüler, schließlich tue er dasselbe was sie auch tun. Essen, Wischen, Kochen, Gehen, Sitzen oder Stehn.

Daraufhin antwortete der Meister:

„Es gibt einen Unterschied. Wenn ich esse, dann esse ich. Wenn ich stehe, dann stehe ich und wenn ich gehe, dann gehe ich.

Ihr hingegen seid im Geiste schon am Gehen, wenn ihr steht und am Stehen, wenn ihr geht. Und wenn ihr kocht, überlegt ihr schon, was ihr alles Wischen müsst und wenn ihr wischt, dann seid ihr gedanklich schon beim Essen."

Diese kleine Geschichte zeigt ziemlich gut, um was es bei der Achtsamkeit geht. Es geht nicht darum, möglichst alles zu registrieren. Es geht nicht darum, möglichst viele Dinge zu schaffen oder zu verzichten. Es geht schlicht darum, **im Hier und Jetzt** zu sein.

> Achtsamkeit bedeutet unter anderem, sich wirklich nur dem zu widmen, was man gerade tut und nicht das eine zu tun und an das andere zu denken.

Wenn eine Führungskraft z. B. einen Vertrag durchlesen soll, sich aber gleichzeitig noch um eine E-Mail kümmert und dazu noch um die Frage des Sekretärs, dann ist sie eben nicht beim Vertrag, sondern anderswo. Damit steigt auch die Chance auf Fehlentscheidungen enorm an.

Wenn 10 Führungskräfte sich in einem Meeting befinden, wie viele sind dann tatsächlich gedanklich anwesend im Hier und Jetzt?

Kurz: Ohne Achtsamkeit kann man Abweichungen bei Mitarbeitern, seien es positive oder negative, nicht rechtzeitig erkennen. Ohne Achtsamkeit verbraucht man einen wesentlich höheren Teil der Energie als mit Achtsamkeit. Und ohne Achtsamkeit steigt die Chance auf Fehlentscheidungen und damit auch auf Fehlreaktionen in bestimmten Situationen.

Und zu guter Letzt sei festgestellt:

> Achtsamkeit macht Respekt überhaupt erst möglich.

3.4   Respekt als neue Basis

Respekt klingt schnell einleuchtend und es klingt vor allem einfach – aus diesem Grund wird „Respekt" gerne auf Imagebroschüren proklamiert. Doch Respekt ist alles andere als einfach, denn es geht nicht nur um den Umgang mit anderen, sondern um den Umgang mit allem, insbesondere mit sich selbst.

Inwieweit soll also „Respekt" bei einem Problem mit schwierigen Mitarbeitern oder Schlechtleistern nützlich sein? Kurz gesagt (er)spart man sich mit Respekt viel Energie und erhält zudem eine echte Chance auf jenen lösungsorientierten Dialog, ohne den es keine Verbesserung geben wird.

Wie kann Respekt Energie einsparen? Die Schonung der eigenen Energie kommt vor allem durch die Entscheidung, nicht mehr alles und jeden zu bewerten oder gar zu negieren, Situationen, wie sie nun mal sind, nicht mehr leugnen oder zu versuchen, diese zu relativieren, weil sie nicht in das aktuelle Wertesystem passt. Wenn man stattdessen beginnt, die Dinge, die zunächst ohnehin nicht zu ändern sind, so zu nehmen, wie sie sind, ohne sie ständig zu bewerten, spart man definitiv eine Menge Energie.

Wenn sich Menschen (und dazu gehören sowohl Führungskräfte, als auch Mitarbeiter) nicht mehr bewertet fühlen, fangen sie an, sich zu öffnen. Sie fangen an darüber zu reden, was sie wirklich beschäftigt, und nicht mehr über das, was sie glauben sagen zu müssen. Wenn Menschen anfangen, offen zu reden, erhält man die Chance auf jene Dialoge, die konstruktiv und lösungsorientiert sind.

Jeder Mensch möchte respektiert werden und dies über eine Form von Wertschätzung selbst erfahren.

Wie bereits im Kap. 2 erläutert, beginnt Wertschätzung damit, andere in ihren Aussagen und in ihrem Tun und Lassen ernst zu nehmen, und zwar ohne Bewertung.

Ernstnehmen ist an und für sich recht einfach. Man braucht lediglich auf das Gesagte oder das Gesehene einzugehen, es aufzugreifen, es zu hinterfragen, zu ergänzen oder in Frage zu stellen, ohne den Gesprächspartner selbst dabei in Frage zu stellen. Dieser Grat ist allerdings sehr schmal, was es aller Einfachheit zum Trotz recht schwer macht. Denn wir neigen alle dazu, Gesagtes eben schnell zu bewerten oder sogar abzuwerten, es als unsinnig oder gar dumm anzusehen.

Doch wir können grundsätzlich davon ausgehen, dass jeder Mensch, der etwas sagt, in den allermeisten Fällen davon überzeugt ist, dass es A) passend zur Situation ist, B) wichtig ist, es mitzuteilen und C), dass der Inhalt schlau bis intelligent sei; andernfalls würde er nämlich den Mund halten.

Dies ist zutiefst menschlich.

Viele Menschen sind auch der Überzeugung, dass lediglich **ihr** Reden und **ihr** Tun und Lassen die einzig wahre Glückseligkeit bewirkt. Diese Einstellung birgt massive Gefahren in der Kommunikation, denn sie verhindert den respektvollen Umgang durch die Erzeugung eines Gefälles. Und ein spürbares Gefälle ist immer schwierig mit Respekt in Einklang zu bringen.

> Wenn Führungskräfte aufhören würden, die Hände der Mitarbeiter zu schütteln und sie stattdessen in ihren Aussagen ernstnehmen würden und sie in der Art respektieren, wie jeder von Ihnen eben ist, würde sich die Zahl der schwierigen Mitarbeiter drastisch reduzieren.

Um das eben Beschriebene etwas zu verdeutlichen, möchten wir an dieser Stelle ein Praxisbeispiel in Form eines Dialogs aufzeigen.

Beispiel (Teil 1)

Die Ausgangslage ist ein Mitarbeiter, der gefragt wird, was er sich wünscht bzw. was die Führungskraft ändern sollte, damit es besser läuft zwischen den beiden.

Daraufhin antwortet der Mitarbeiter: *„Nun Frau Eisenhart, ich ertrage es nur schwer, wenn sie mir in schulmeisterlichem Ton von der Seite Anweisungen geben, die darüber hinaus auch noch äußerst schwammig sind."*

Was könnte die Führungskraft also dieser Aussage entnehmen?

Zunächst einmal, dass der Mitarbeiter einen offensichtlich hohen Frustrationspegel vor sich herschiebt und sich in der Art persönlich angegangen fühlt. Er fühlt sich offenbar nicht auf jener Augenhöhe, die er als angemessen empfindet.

Darüber hinaus erfährt die Führungskraft auch, dass der Mitarbeiter für die zu erledigenden Aufgaben zu wenig Informationen erhält.

Diese Aussage ist zunächst schlicht die Wahrnehmung des Mitarbeiters, nicht mehr und nicht weniger. Und wahrnehmen kommt – das kann man nicht oft genug wiederholen – nicht von wahr! Es ist lediglich ein Eindruck, den die Führungskraft ernstnehmen sollte.

Bleiben wir einmal bei der letzten Aussage, den mangelnden Informationen. Betrachten wir die Aussage einmal rein logisch, stellen wir folgendes fest:

Die Führungskraft hat so oder so definitiv ein Problem, denn entweder die Aussagen stimmen, und die Führungskraft gibt tatsächlich schwammige und/oder unzureichende Informationen, dann hat sie ein Problem, weil die Auftragsergebnisse eher zufällig ausfallen.

Oder aber die Führungskraft gibt tatsächlich ausreichende Informationen, vermittelt nur einen ganz anderen Eindruck. Dann hat sie erst recht ein Problem, denn relevant ist nicht, was ist, sondern was beim Empfänger ankommt.

Die übliche Reaktion ist nach unserer Erfahrung jene, dass die Führungskraft nun beginnt zu „beweisen", dass sie sehr wohl genügend Infos liefert und der Mitarbeiter auch eine Hol-Schuld habe und sie sich insgesamt den Tonfall verbitte usw.

Der Mitarbeiter wird daraufhin mit hoher Wahrscheinlichkeit durch Beispiele versuchen, den „Beweis" zu erbringen, dass er sehr wohl recht habe mit seiner Einschätzung. Und so beginnt das, was man in der Konfliktkommunikation als Ping Pong bezeichnet. Die „Argumente" werden über den Tisch geschleudert und wieder zurückgegeben. Am Ende entsteht lediglich Frust auf beiden Seiten.

Wenn die Führungskraft jedoch die Aussagen des Mitarbeiters zunächst unkommentiert hinnimmt, um ihren Bedeutungsinhalt tatsächlich zu erfassen, bevor sie beginnt diese zu hinterfragen, erhält sie die Chance auf einen lösungsorientierten Dialog und spart viel Energie. Dies könnte wie folgt aussehen:

Beispiel (Teil 2)

„Nun Frau Eisenhart, ich ertrage es nur schwer, wenn sie mir in schulmeisterlichem Ton von der Seite Anweisungen geben, die darüber hinaus auch noch äußerst schwammig sind."

Nun kann Frau Eisenhart eine Frage stellen, statt etwas darauf zu antworten. Die Frage könnte z. B. lauten: „Was genau macht es so schwer ertragbar?" Der Mitarbeiter kann nun seinerseits präzisieren und die Führungskraft erhält ein echtes Feedback.

„Ihre Art, Aufträge zu vergeben, hat immer etwas Schulmeisterliches. Sie stehen dann so da, erheben den Zeigefinger und fuchteln damit herum und auch ihre Stimme ist dann so schneidend." Die Führungskraft könnte eine weitere Frage stellen wie z. B.: „Und das ist deswegen so schwer zu ertragen, weil sie das an die Schulzeit erinnert und sie da eben nicht so gute Erinnerung haben?"

„Ja genau", könnte der Mitarbeiter antworten.

Die Führungskraft kann sich nun ihrerseits bedanken für das Feedback und antworten: „Wenn ich das nächste Mal darauf achte, weniger zu fuchteln und meine Stimme nicht so schneidend zu halten, dann würden sie besser klar kommen damit?"

„Ja deutlich" – „Ok, dann werde ich darauf achten, doch vielleicht gelingt mir das nicht sofort. Da wünsche ich mir von Ihrer Seite mehr Nachsicht, habe ich die?" – „Ja ok, ok."

Dann kann die Führungskraft nachfragen: „Woran würden Sie denn erkennen, dass meine Art der Delegation nicht mehr so schulmeisterlich wäre und woran, dass sie klarer ist?"

Ab hier muss der Mitarbeiter nun weg von der Anklagestrategie, hin zu einer konkreten und konstruktiven Lösung, die er selbst liefern muss. Die Erfahrung zeigt, dass dies für die meisten Mitarbeiter recht schwer ist. Viele gehen dann wieder in Richtung der Anklage und erklären erneut, was alles schlecht ist. Das ist der Moment, indem die Führungskraft oder der externe

> Experte korrigierend eingreifen muss, mit Sätzen wie: *„Ja, ok, Herr Krause, das habe ich ja verstanden. Was mir jetzt noch fehlt, ist, woran Sie dann konkret erkennen können, dass die Art sich in Ihrem Sinne verbessert hat?"*
> Sicher kann die Führungskraft alternativ auch den direkten Weg nehmen und die Frage wie folgt stellen:
> *„Ok, und wie wünschen Sie sich meine Art der Delegation stattdessen?"*
> Hier kommt der Mitarbeiter nun in die Problematik, dass er eben konstruktiv und lösungsorientiert antworten muss, was er allerdings nicht immer kann, da er den unangenehmen Zustand noch nicht soweit reflektiert hat, dass er sich bewusst gemacht hat, was er sich wirklich wünscht. Und manchmal fehlen auch einfach die Worte dafür.
> Daher kann die vorherige Variante hilfreich sein, um dem Mitarbeiter zu einer Lösung zu helfen.

Respekt bezieht auch das Akzeptieren dessen ein, was ist. Das betrifft insbesondere die Akzeptanz, dass der Mitarbeiter eben genau so ist, wie er ist. Einen anderen hat die Führungskraft nun mal zurzeit nicht. Und man sollte nie vergessen:

> Ein neuer Mitarbeiter bringt nicht nur neue Potenziale mit, sondern auch Probleme, die die Führungskraft noch nicht kennt!

Insofern ist es besser, wenn die Führungskraft mit diesem Mitarbeiter und Menschen zurechtkommt, den sie aktuell zur Verfügung hat. Anders gesagt: Sie muss sich auf diesen einstellen, sich diesem anpassen.

3.5   Anpassung des Führungsstils

Ohne Anpassung ist kein Individuum überlebensfähig. Jedes Unternehmen muss sich ständig dem Markt anpassen und jede Führungskraft muss sich ständig im Umgang mit den eigenen Mitarbeitern neu im Unternehmen anpassen.

Gerade in Bezug auf das Thema „schwierige Mitarbeiter" und „Schlechtleister" muss – nachdem Klarheit respektvoll und achtsam geschaffen und verschafft wurde – auch eine entsprechende Lösungsstrategie erarbeitet werden. Das bedeutet, dass das Bisherige sich verändern muss, denn andernfalls geht es exakt so weiter wie bisher.

Ändern ist nichts anderes als ANPASSUNG. Eine Anpassung an eine neue Gegebenheit ist die KONSEQUENZ, die folgen muss, wenn sich etwas verändern soll.

Diese Anpassung muss z. B. im bisherigen Führungsstil erfolgen. Viele Führungskräfte rühmen sich ihres Führungsstils. Auf die Frage, welchen Führungsstil sie denn anwenden, wird in 9 von 10 Fällen der kooperative Führungsstil genannt und auf die Nachfrage, woran man diesen erkennen kann, wird es meist still, weil die Führungskraft im Grunde nicht weiß, was der Begriff bedeutet.

Führungsstile gibt es zahlreiche. Nahezu jeder Hochschuldozent im Bereich Führung hat eine Führungstheorie veröffentlicht, häufig sogar dann, wenn er selbst noch nie wirklich geführt bzw. ein Unternehmen geleitet hat.

Jede Führungskraft hat ihren persönlichen Führungsstil. Dieser ist meist Resultat der eigenen Persönlichkeit und der Erfahrungen, die die Führungskraft selbst gemacht hat.

Dagegen spricht natürlich nichts. Doch ein Führungsstil hat den Nachteil, dass er auch immer jene Mitarbeiter benötigt, die auf diesen Führungsstil ansprechen. Was ist jedoch mit den anderen Mitarbeitern, die auf den Führungsstil nicht ansprechen? Diese müssen ja auch Leistung abgeben, können diese jedoch meist nicht in vollem Umfang abgeben, weil sie mit dem Führungsstil nicht klarkommen.

Nicht selten ist das Kernproblem „schwieriger Mitarbeiter" im Bereich „Führungsstile" zu suchen: Wenn ein „Verwalter" einen „Gestalter" eher bürokratisch führt, sind Reibungen nahezu vorprogrammiert (vergleiche Kap. 2).

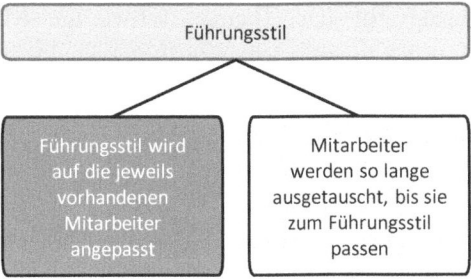

Die Führungskraft hat bei Ihren Mitarbeitern letztlich genau zwei Optionen (siehe Abb. 3.12):

1. Sie tauscht die eigenen Mitarbeiter solange aus, bis sie alle zu der Führungskraft und ihrem Führungsstil passen
oder
2. Sie passt sich mit Ihrem Führungsstil solange an die Mitarbeiter an, bis dieser jeweils zum Mitarbeiter passt.

Die zweite Option ist erfahrungsgemäß mit deutlich weniger Aufwand verbunden. Doch das erfordert, dass die Führungskraft auch in der Lage ist, sich anzupassen. Dazu ist eine soziale Grundkompetenz erforderlich.

Anpassung im Umgang bedeutet auch, auf Abweichungen anders zu reagieren als es bisher der Fall war.

Genau hier scheitern viele Unternehmen. Denn wenn Mitarbeiter und Führungskraft sich auf eine Änderung geeinigt haben und der Ansicht sind, dass sie mit den neuen Regeln beide leben können, müssen Abweichungen davon auch Konsequenzen haben. Die Konsequenzen können grundsätzlich belohnungsorientiert oder bestrafungsorientiert sein.

Belohnungsorientierung kann von der lobenden Erwähnung bis hin zur monetären Aufstockung alles beinhalten.

Bei der Bestrafungsorientierung läuft es darauf hinaus, dass es unangenehme Begleiterscheinungen für den Mitarbeiter gibt.

Das Unangenehme kann in Form eines Gespräches erfolgen, in der Folge wären monetäre Kürzungen (sofern arbeitsrechtlich machbar) oder auch die Versetzung in eine weniger attraktive Abteilung bzw. eine Änderung der Arbeitszeiten denkbar.

Wie immer die Konsequenz aussieht: Voraussetzung für Konsequenzen ist, dass vorher ein Gespräch darüber stattgefunden hat.

> Das Motto lautet: Keine Konsequenz ohne Gespräch!

Häufig gehen Führungskräfte jedoch nach den Gesprächen genauso vor wie bisher und führen die Gespräche, die sie selbst geführt haben, damit ad absurdum.

Da es keine Konsequenz ohne Gespräch gibt, benötigt die Führungskraft auch entsprechende Gesprächsführungs-Kompetenzen.

Es handelt sich hier um ein Kritikgespräch. Dies kann positive oder negative Aspekte beinhalten.

Doch die viele Führungskräfte scheuen solche Gespräche und vermeiden diese gerne. Insbesondere, wenn es sich um negative Kritik handelt. So wird aufgeschoben, was erforderlich ist, um eine Änderung auch zu leben.

3.5.1   Regeln eines Kritikgesprächs

Das Ziel des nächsten Abschnitts ist die nähere Betrachtung von „Kritikgesprächen". Dabei liegt der Fokus auf einem negativen Kritikgespräch.

Das Ziel eines jeden negativen Kritikgesprächs ist es, eine gewünschte Veränderung zu erreichen.

Die Bedingung dafür, dass ein Kritikgespräch überhaupt seine Wirkung entfalten kann, ist, dass die Kritik beim Empfänger auch tatsächlich ankommt.

Es gibt zunächst kein wirkliches „richtig" oder „falsch", sondern nur „wirksam" oder „nicht wirksam".

Dennoch ist es hilfreich, wenn der Kritisierende ein paar Grundregeln beachtet.

1. Die Kritik sollte stets nur das Verhalten betreffen oder eine Entscheidung aus der Vergangenheit, niemals die Person.
2. Der Kritiker ist nur der Überbringer einer Nachricht. Die Wirkung, die die Kritik beim Empfänger bewirkt, produziert ausschließlich der Empfänger selbst. Dies ist wichtig zu beachten, denn viele Führungskräfte fühlen sich für die Emotionen, die beim Gegenüber entstehen, verantwortlich, was sie aber (zunächst) nicht sind.
3. In einem Kritikgespräch geht es darum, die Differenz zwischen „Soll" und „Ist" aufzuzeigen. Bedingung dafür ist es, dass es ein eindeutiges „Soll" gibt, das dem Kritisierten auch bekannt sein muss. Darüber hinaus muss der Ist-Zustand (z. B. das abweichende Verhalten) eindeutig sein.
4. Wenn die Kritik wichtig ist, nimmt man sich die Zeit dafür. Daher führt man idealerweise keine Kritikgespräche zwischen „Tür und Angel". Wenn die Kritik nicht wichtig ist, braucht man sie auch nicht zu äußern.
5. Kritik muss wertschätzend vermittelt werden. Das Thema Wertschätzung wurde in den vorherigen Kapiteln bereits an einigen Stellen erörtert. Neben dem Ernstnehmen zeigt sich Wertschätzung auch darin, dass keine „Du"-Botschaften, sondern „Ich"-Botschaften vermittelt werden.

   Doch was sind „Ich"-Botschaften? Eine einfache Regel von Ruth Cohn[1] besagt, dass Kritik immer aus eigener Sicht geäußert werden soll. Kurz: Stehen Sie zu dem, was sie sagen und senden Sie eine „Ich"-Botschaft.

   Folgendes Beispiel soll das verdeutlichen: Es ist ein Unterschied, ob jemand sagt *„Die Brille steht Dir nicht"* oder ob er sagt *„**Ich finde**, die Brille steht Dir nicht."*

   Mit der ersten Aussage verallgemeinert man unzulässig (und arrogant). Mit der zweiten Aussage verzichtet man auf eine Verallgemeinerung und äußert lediglich seine persönliche Meinung. Diese „Ich"-Botschaft ist kaum angreifbar.

---

[1] Ruth Cohn (1912–2010) war die Begründerin der Themenzentrierten Interaktion, eines Konzepts zur besseren Arbeit in Gruppen.

Mit einer „Ich"-Botschaft endet das Kritikgespräch jedoch noch nicht. Sie ist lediglich ein Instrument, Wertschätzung zu zeigen.

6. Ein Kritikgespräch (das gilt übrigens auch für positive Kritik) bezieht sich auf ein bestimmtes Verhalten. Doch bloße Kritik daran ist nur wertend. Menschen wollen aber Zusammenhänge erkennen und wissen, welche Wirkung ihr Verhalten hat.

In Wahrheit betrifft die Kritik nicht primär das Verhalten, sondern dessen Konsequenzen. Es ist zwar wertschätzend, jemandem durch eine „Ich"-Botschaft zu vermitteln, dass etwa eine Präsentation vor Kunden gut oder schlecht war. Doch wenn die Kritik damit endet, kann der Empfänger in Wahrheit nicht viel damit anfangen.

Eine Präsentation vor Kunden hat Folgen. Erst das Wissen um dieses Folgen gibt dem Kritisierten Aufschluss über sein Verhalten, und erst jetzt kann er Zusammenhänge herstellen. Nun kann er über eine mögliche Verhaltensänderung entscheiden.

Doch gerade dieses Wissen wird dem zu Kritisierenden in Gesprächen immer wieder vorenthalten. Um das genannte Beispiel wieder aufzunehmen: Eine gute Präsentation vor Kunden führt zu einem Auftrag, eine schlechte verhindert ihn. Es sind die positiven und negativen Folgen einer Handlung, die einen Mitarbeiter motivieren. Deshalb müssen sie in einem Kritikgespräch auch benannt werden, besonders, wenn sie negativ sind.

7. Der Verlauf eines jeden Kritikgesprächs wird auch durch die Erwartungshaltung des Kritisierenden bestimmt. Ohne diese weiß der Kritisierte nicht, was er ändern kann bzw. soll.

8. Die Folgen seines Handelns brachten den Kritisierten in diese Situation. Sie eröffnen aber auch neue Entscheidungsmöglichkeiten für die Führungskraft.

Es hat sich in der Praxis bewährt, einem Mitarbeiter gegenüber die Entscheidungsoptionen auch aufzuzeigen. Diese Transparenz ist eine weitere Form der Wertschätzung gegenüber einem Mitarbeiter. Darüber hinaus werden anschließende Entscheidungen vom Mitarbeiter auch besser angenommen.

9. Jedes Kritikgespräch wird von der Hoffnung auf Verhaltensänderung getragen. Doch was passiert, wenn sie nicht eintritt? Üblicherweise

sucht der Vorgesetzte das Gespräch mit dem Mitarbeiter erneut. Der Mitarbeiter wartet nun auf seine „Strafe".

Diese Situation erzeugt neuen Druck. Der Vorgesetzte muss unter Abwägung aller Faktoren eine konsequente Entscheidung treffen. Tut er das nicht, wird jede zukünftige Kritik am Mitarbeiter bedeutungslos. Er sollte deshalb dem betreffenden Mitarbeiter schon beim ersten Kritikgespräch die Konsequenzen einer erneuten Verfehlung mitteilen, damit sich dieser darauf einstellen kann.

Das erleichtert das Verkünden einer konsequenten Entscheidung sehr, denn jetzt liegt es am Mitarbeiter, sich nach ihr zu richten. Der Vorgesetzte wird zum Übermittler der Botschaft und eventuell zum Vollstrecker des Urteils. Entscheider aber ist er längst nicht mehr, denn die Entscheidung trifft der Mitarbeiter mit seinem Verhalten. Die Konsequenzen sind ihm längst bekannt.

Ein Beispiel aus dem Straßenverkehr erklärt dieses Prinzip: Wurde ein Autofahrer im Straßenverkehr beim Missachten von Regeln erwischt, sammelt er dafür in Deutschland fleißig Punkte und bezahlt jedes Mal ein Bußgeld. Die Anzahl der Punkte und die Höhe des Bußgelds waren ihm vorher bekannt. Die Entscheidung, ein neues Risiko einzugehen liegt nun bei ihm.

Mit anderen Worten: Eine Führungskraft sollte die notwendigen Sanktionen eines wiederholten Verstoßes rechtzeitig bestimmen. In einer akuten Situation kann sie dann wesentlich souveräner und entspannter handeln.

10. Die oben erwähnten Sanktionen müssen der Führungskraft vor dem Gespräch klar sein, sie muss sich also vorher Gedanken darüber machen. Wir erwähnen dies an dieser Stelle, weil wir in der Praxis immer wieder feststellen, dass viele Führungskräfte sich genau darüber keine Gedanken im Vorfeld gemacht haben und daher bei einem erneuten Regelverstoß zwangsläufig an ihre Grenzen kommen und dadurch in gewisser Weise handlungsunfähig werden.

In Abb. 3.13 ist eine Zusammenfassung dargestellt.

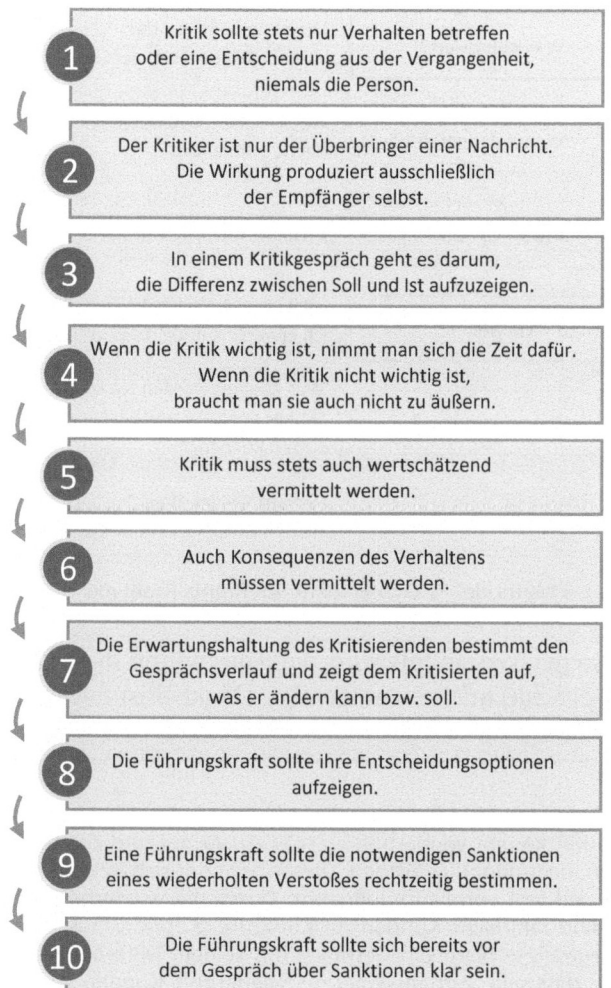

Abb. 3.13 10 Grundregeln für Kritik. © Dobler 2019. All Rights Reserved

3.5.2 Die „1-6 Methode"

Aus diesen Regeln haben wir eine praxisbewährte Methode des Äußerns von Kritik entwickelt (siehe Abb. 3.14). Wir nennen sie die „1-6 Methode".

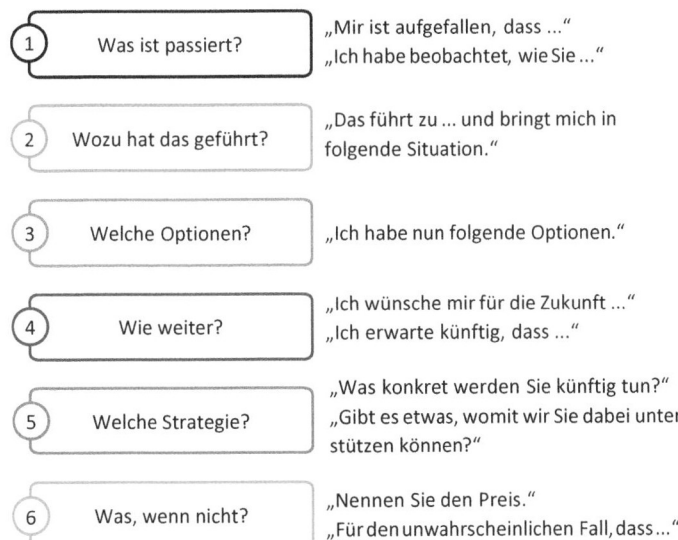

Abb. 3.14 „1-6 Methode" © Dobler 2019. All Rights Reserved

Zum besseren Verständnis wird die Anwendung dieser Methode am Beispiel eines Schlechtleisters aufgezeigt. Denkbar ist folgende Situation:

Beispiel

Ein Verkäufer kommt wiederholt zu spät zur Arbeit und kann deshalb seinen Laden nicht pünktlich öffnen. Dieser befindet sich in einem Bahnhofsgebäude und lebt von Laufkundschaft. Durch die wiederholte verspätete Öffnung sind zahlreiche Kunden zur Konkurrenz abgewandert.

Der Vorgesetzte plant ein Gespräch mit seinem Mitarbeiter. Dieser soll erkennen, dass sein Verhalten bereits wiederholt Kunden verprellte und damit eine Regelverletzung darstellt.

Natürlich soll er der klaren Forderung nach einer pünktlichen Öffnung des Ladens zukünftig Folge leisten.

Eine der wichtigsten Fragen, die der Vorgesetzte bei dieser Feedbackmethode beantworten muss, lautet: Was passiert, wenn der Mitarbeiter erneut seine Pflicht verletzt?

Zu beachten ist, dass bei dieser Methode ganz bewusst erst gegen Ende ein Dialog mit dem Mitarbeiter geführt werden soll. Dies mag auf den ersten Blick ungewöhnlich erscheinen und ist in einem normalen Gespräch mit einem Mitarbeiter wenig hilfreich. Doch in diesem Fall handelt es sich um einen eindeutigen Regelverstoß, der nicht wirklich diskussionswürdig ist.

Der Vorgesetzte stellt den Mitarbeiter zur Rede in dem er sechs Fragen stellt und sofort selbst beantwortet:

1. Was ist passiert? *„Herr Schmidt, ich möchte mit Ihnen über die Vorfälle vom 12.06. und 21.07. reden. Mir ist aufgefallen, dass Sie an beiden Tagen den Shop erst um 09:15 Uhr bzw. 09:20 geöffnet haben."*
2. Wozu hat das geführt? *„Da wir von Laufkundschaft leben, führt ein geschlossener Laden dazu, dass die Kunden zur Konkurrenz nebenan abwandern. Das ist auch an diesen beiden Tagen passiert. Das führte dazu, dass mich mein Vorgesetzter aus der Zentrale in Frankfurt anrief und mich völlig überraschend mit dieser Tatsache konfrontierte. Er wollte von mir wissen, ob ich meine Leute noch im Griff habe. Das führte letzten Endes sogar zu der Frage, ob ich noch der richtige Vorgesetzte wäre. Und deshalb unterhalte ich mich heute mit Ihnen über Ihr Verhalten."*
3. Welche Handlungsoptionen gibt es nun? *„Ich habe nun mehrere Optionen, Herr Schmidt. Erstens könnte ich die ganze Angelegenheit einfach ignorieren und hoffen, dass Sie künftig den Laden immer pünktlich öffnen. Bei dieser Option würde ich allerdings meiner Aufgabe als Führungskraft tatsächlich nicht gerecht. Zweitens habe ich die Option, Sie für diese beiden Vergehen abzumahnen. Das hätte allerdings Auswirkungen auf unser Teamklima. Ich habe auch noch die dritte Option: bei der Zentrale eine fristlose Kündigung durchzusetzen und hier ein deutliches Signal zu setzen. Und ich habe die vierte Option, mit Ihnen erst einmal zu sprechen, nach den Ursachen zu fragen und mit Ihnen zusammen eine Lösung zu finden. Ich habe mich für letztere Variante entschieden."*
4. Wie geht es nun weiter? *„Ich erwarte von Ihnen, dass Sie den Shop künftig pünktlich um 09:00 Uhr öffnen."*
5. Welche Strategie kommt nun zur Anwendung? *„Was werden Sie konkret tun, damit künftig gewährleistet ist, dass Sie den Shop pünktlich öffnen? Gibt es etwas, womit wir sie dabei unterstützen können?"*

Der Mitarbeiter wird nun in der Regel Vorschläge unterbreiten. Sollte der Mitarbeiter allerdings Begründungen für sein Verhalten liefern wollen, sollte man ihn mit dem Kommentar unterbrechen: *„Herr Schmidt, es gibt natürlich Gründe, weshalb Sie es nicht geschafft haben, doch das ist ja nun Vergangenheit. Lassen Sie uns nun in die Zukunft blicken. Deshalb lautet die wichtigere Frage nun: Wie können und werden Sie solch ein Verhalten in Zukunft verhindern?"*

Nehmen wir an, Herr Schmidt verpflichtet sich, künftig mit einer früheren Straßenbahn zur Arbeit zu fahren. Jetzt ist es wichtig, die nötige Verbindlichkeit herzustellen. Dazu soll die Verpflichtung des Mitarbeiters vom Vorgesetzten wiederholt und um die Frage ergänzt werden: *„Das heißt, ich kann mich künftig auf Sie verlassen?"*

In aller Regel bejaht der Mitarbeiter diese Frage. Seine Antwort bestätigt man z. B. mit den Worten: *„Ok, dann verlasse ich mich auf sie!"*

Die Bestätigung ist wichtig, denn sie schafft eine Verbindlichkeit auf der Beziehungsebene jenseits der vertraglichen Verpflichtungen. Tatsächlich will man sich als Führungskraft auf seine Mitarbeiter verlassen können. Deshalb ist eine diesbezügliche Frage von nicht zu unterschätzender Bedeutung.

6. Was, wenn die Veränderung nicht eintritt? Was geschieht, wenn Herr Schmidt den Laden erneut zu spät öffnet, wenn er seine Verpflichtung also nicht einhält? Wie bereits erwähnt, sollte der Vorgesetzte diese Frage vorher entscheiden und dem Mitarbeiter den Preis für ein erneutes Vergehen rechtzeitig nennen:

„Was soll ich tun, wenn Sie den Shop wieder zu spät öffnen und ich erneut einen Anruf aus Frankfurt erhalte? In diesem Fall müsste ich auf die zweite Option zurückgreifen: Ich müsste Ihnen eine Abmahnung erteilen, und zwar gegebenenfalls sogar rückwirkend für den Vorfall am 21.07. Das wäre mir sehr unangenehm. Herr Schmidt, ich hoffe, Sie können uns das ersparen."

In der letzten Aussage nennt der Vorgesetzte den Preis für einen erneuten Verstoß. Damit entlastet er alle Beteiligten, insbesondere sich selbst. Die Offenheit gegenüber dem Mitarbeiter schafft Transparenz und Berechenbarkeit und bindet damit Angst. Welche Abschlussworte passend sind, entscheidet der Vorgesetzte. Die Botschaften der Punkte 1 bis 6 dürfen dadurch aber keinesfalls verwässert werden.

3.5.3 Entwickeln der Führungskräfte

Führungskräfte sind gewissermaßen das Gerüst des Unternehmens. Wenn diese die Voraussetzungen teilweise nicht mitbringen, die notwendig sind um wirksam zu führen, ist das weitestgehend normal und an sich nicht weiter schlimm. Problematisch wird es, wenn dieser Zustand aufrechterhalten wird, weil das Unternehmen die Führungskräfte nicht weiterentwickelt. So bleiben viele Führungskräfte in ihrer Entwicklung stehen und erwarten jedoch im Gegenzug von den Mitarbeitern, dass sich diese unbedingt weiterentwickeln sollen.

Wenn Führungskräfte also die Voraussetzungen für wirksames Führen nicht mitbringen, müssen sie diese Instrumente eben durch Seminare, Workshops oder Coachings aneignen.

3.5.4 Abmahnung als weitere Anpassung

Eine weitere Konsequenz nach dem Kritikgespräch könnte eine arbeitsrechtliche Maßnahme sein. Eine gängige arbeitsrechtliche Maßnahme ist die Abmahnung.

Das Wort Abmahnung hört sich für die meisten Menschen sehr negativ an. Es klingt nach Wut, Entschlossenheit und viel Stress. Sowohl Absender als auch Empfänger der Abmahnung sind an ihrem Zustandekommen beteiligt.

Interessanterweise fühlen sich beide Parteien in den meisten Fällen nicht als Beteiligte, sondern als Betroffene, sogar als Opfer. In dieses negative Gefühl mischt sich bei beiden darüber hinaus auch noch Unsicherheit. Derjenige, der die Abmahnung erteilen will, ist unsicher, ob und wie er sie überbringen soll.

Er hat zudem rechtliche Bedenken. Die Unsicherheit wird oft von der Angst begleitet, der abgemahnte Mitarbeiter könnte anschließend seine Leistungsbereitschaft massiv verringern.

Diese Befürchtung ist nicht ganz unberechtigt, denn das Verhalten eines abgemahnten Mitarbeiters ist meist tatsächlich nicht vorherzusagen. Frust und Wut sorgen vielfach für das Gegenteil des geforderten Verhaltens.

Viele Arbeitgeber unterschätzen die Wirkung einer Abmahnung. Sie vergessen dabei, dass diese nicht nur ein Signal für den Mitarbeiter, sondern auch für die Belegschaft ist. Erfahrungsgemäß werden Abmahnungen im Unternehmen schnell bekannt.

> Viele Abmahnungen sind das vorläufige Produkt einer Kette von Führungsversäumnissen – der Hilferuf eines Vorgesetzten.

> Senden Sie stattdessen ein kraftvolles Zeichen an den betroffenen Arbeitnehmer und die Belegschaft! Abmahnungen sind gleichzeitig entgegengestreckte Hand und aufgezeigte Konsequenz – damit stellen sie ein mächtiges Führungsinstrument dar!

3.5.4.1 Ziel der Abmahnung

Ziel einer Abmahnung (sofern das Arbeitsverhältnis nicht bereits für den Kündigungsprozess vorbereitet werden soll) ist, dem Mitarbeiter eine Warnung zukommen zu lassen. Jede Abmahnung soll eine Verhaltensveränderung bewirken. Juristisch hat eine Abmahnung drei Funktionen: eine Dokumentationsfunktion, eine Hinweisfunktion und eine Warnfunktion.

Entscheidend ist, dass jede verhaltensbedingte Kündigung, von wenigen Ausnahmen abgesehen, ohne eine vorherige Abmahnung unwirksam ist. Erfahrungsgemäß führen unwirksame Abmahnungen meist zu hohen Abfindungszahlungen. Über 70 % aller Abmahnungen sind unwirksam, der Großteil aufgrund formaler Fehler (Croset und Dobler 2018).

3.5.4.2 Abmahnung: Die Formalien und Inhalte

Zu den juristischen Voraussetzungen von Abmahnungen kursieren in der Arbeitswelt zahlreiche Gerüchte, Halbwahrheiten und Irrtümer.

Das Gerücht, dass der Arbeitgeber spätestens vierzehn Tage nach dem abmahnwürdigen Vorfall eine Abmahnung aussprechen müsse, hält sich ebenso hartnäckig wie der Glaube, es seien mindestens drei Abmahnungen vor einer wirksamen Kündigung nötig. Eine umfassende Darstellung des Führungsinstrumentes „Abmahnung" wurde mit dem Buch „Die rechtssichere Abmahnung – Ein Leitfaden für Personalabteilung und Geschäftsführung" veröffentlicht (Croset und Dobler 2018). An dieser Stelle soll nur auf die häufigsten Fehler hinweisen:

- Jeder Vorgesetzte darf eine Abmahnung unterzeichnen, nicht nur der Arbeitgeber oder z. B. der Geschäftsführer selbst!
- Vorsicht vor unbeabsichtigten Abmahnungen! Immer wieder erteilen Vorgesetzte unbeabsichtigt Abmahnungen, indem sie ihren ersten Emotionen freien Lauf lassen und dem entsprechenden Mitarbeiter sofort mündlich mit einer Kündigung bei Wiederholung des Fehlverhaltens drohen. So verständlich diese Reaktion auch sein mag, juristisch handelt es sich um die Erteilung einer Abmahnung, und diese verbraucht den Kündigungsgrund! Wegen dieses konkreten Vorfalls kann der Arbeitnehmer nun nicht mehr gekündigt werden.
- Der Arbeitnehmer sollte stets aufgefordert werden, den Empfang der Abmahnung zu quittieren. So beugen Sie der Gefahr vor, dass der Arbeitnehmer später behauptet, die Abmahnung nie erhalten zu haben.
- Eine Abmahnung sollte sich stets auf einen einzigen Sachverhalt bzw. Vorfall beziehen. Verschiedene Vorwürfe werden in getrennten Schreiben abgemahnt! Denn sollte in einer Sammelabmahnung auch nur ein einziger Vorwurf später nicht beweisbar sein, stellt dies die Wirksamkeit der gesamten Abmahnung infrage („Ein faules Ei verdirbt den Brei").
- Der vorgeworfene Sachverhalt ist konkret zu schildern: Wer hat wann was wo getan oder Unterlassen! Allgemeine und vage Vorwürfe sind immer unwirksam.
- Es muss klar herausgearbeitet werden, worin genau der Arbeitsvertragsverstoß lag und was das rechtmäßige Alternativverhalten gewesen wäre.
- Für den Fall eines erneuten Verstoßes muss dem Arbeitnehmer unmissverständlich eine konkrete Konsequenz angekündigt werden, in aller Regel die Kündigung des Arbeitsverhältnisses.
- Eine Abmahnung kann eine spätere Kündigung nur dann stützen, wenn das erneute Fehlverhalten einschlägig abgemahnt wurde.

Bei der Erstellung einer Abmahnung sollten Sie sich an folgender Checkliste orientieren:

Richtig abmahnen

1. Die Abmahnung im Falle eines Arbeitsgerichtsprozesses
   - Eine verhaltensbedingte Kündigung ist ohne vorherige Abmahnung unwirksam.
   - Eine Abmahnung scheitert im Arbeitsgerichtsprozess zu 70 % an Formfehlern.
   - Unwirksame Abmahnung bedeutet hohe Abfindung.
   - Wirksame Abmahnung bedeutet niedrige Abfindung.
2. Die drei Funktionen der Abmahnung
   a. *Dokumentationsfunktion*
      - kein allgemeiner Vorwurf/keine Schlagworte!
      - zeitlich und örtlich individualisieren (soweit möglich): *„Am ... um ... in ... haben Sie ..."*
      - keine Wertung; objektive, sachlich nachweisbare Vorwürfe
   b. *Hinweisfunktion*
      - konkreten Vorwurf genau definieren; Verbotsnorm nennen
      - keine Schlagwörter („mangelnde Teamfähigkeit"), sondern detaillierte Sachverhalte
      - keine Wertungen (falsch: *„haben einen Kollegen beleidigt";* richtig: *„haben Herrn Schulz als Vollidiot bezeichnet")*
      - auch wenn eindeutig: rechtmäßiges Alternativverhalten darlegen (Wie ist es richtig? *„Nicht so ... sondern so ...")*
   c. *Warnfunktion*
      - Klare Kündigungsandrohung!
      - ggf. Steigerung (*„arbeitsrechtliche Konsequenzen, bis hin zu Kündigung ...")* etc.
      - Vorsicht bei zu vielen Abmahnungen: Inflation zerstört Warnfunktion
3. Typische Fehler (Formalia)
   - niemals mehrere Vorwürfe in einer Abmahnung
   - Schriftform unbedingt ratsam
   - Zugang: Bestätigung durch Empfangsvermerk
   - keine Frist zum Ausspruch einer Abmahnung
4. Erneuter Verstoß: Ist jetzt eine Kündigung berechtigt?
   - Es muss Gleichartigkeit zwischen Abmahnungs- und Kündigungsgrund vorliegen!
   - Gleichartig bedeutet nicht identisch, sondern „ähnlich"!
   - Erforderliche Anzahl: 1 bis 3 Abmahnungen; Rechtsprechung im Einzelfall prüfen!
   - Wirkungsdauer der Abmahnung: Faustregel 2 Jahre; Einzelfall prüfen!

3.5.4.3   Abmahnung richtig überreichen

Wie oben bereits erwähnt, ist das Ziel einer Abmahnung (sofern man nicht bereits auf eine Kündigung hinarbeitet), dem Mitarbeiter eine Warnung zukommen zu lassen. Nicht mehr und nicht weniger. Sie soll auf keinen Fall die vorhandene Motivation zerstören. Die Befürchtung vieler Arbeitgeber, dass der Abgemahnte anschließend weniger Leistung erbringt, ist berechtigt.

> Vor dem Erteilen einer Abmahnung gilt es, Schaden und Nutzen abzuwägen.

Die oberste Regel beim Überbringen einer Abmahnung lautet: stets persönlich und von Angesicht zu Angesicht. Dabei ist es unerheblich, ob für den Vorgesetzten bereits eine Kündigung vorstellbar ist. Die korrekte Form ist nicht nur eine Frage von Wertschätzung und Rückgrat, sondern soll auch Signalwirkung haben.

Wir empfehlen, ein Abmahnungsgespräch stets vorzubereiten. Als Vorgesetzter sollten Sie unbedingt vorher entscheiden, ob Sie den abzumahnenden Mitarbeiter weiter beschäftigen oder ihm in absehbarer Zeit kündigen möchten. Das ist deshalb so wichtig, weil sich der Stil der Gespräche erheblich voneinander unterscheidet. Ihre Gemeinsamkeit liegt lediglich in der Klarheit der Formulierung.

> Eine Abmahnung ist ein deutliches Signal und zeigt die Entschlossenheit des Vorgesetzten, künftige Grenzverletzungen nicht mehr zu dulden. Diese Botschaft darf auf keinen Fall durch Relativierungen „verwässert" werden: Sagen Sie deutlich, was Sie wollen und was nicht.

> Beschreiben Sie konkrete Konsequenzen eines bestimmten Verhaltens. Sprechen Sie in aller Deutlichkeit und mit innerer Überzeugung. Bleiben Sie dabei aber stets wertschätzend oder zumindest respektvoll.

Dies gilt sowohl für den Fall, dass Sie sich vom entsprechenden Mitarbeiter trennen möchten, als auch für den Fall, dass sie ihn behalten wollen.

Viele Führungskräfte wirken während des Abmahngesprächs unsicher. Sie „schwadronieren" und „lamentieren" und können ein schlechtes Gewissen kaum verbergen. Zudem zeigen sie auch körperliche Anzeichen von Unwohlsein. Das alles registriert der abzumahnende Mitarbeiter. Bei ihm entsteht so der Eindruck, dass die Abmahnung in Wahrheit nicht rechtens und damit ungerecht sei (siehe Croset und Dobler 2012).

Eine Abmahnung mit Entschlossenheit zu übergeben ist selten einfach und wird umso schwieriger, je besser das Verhältnis zwischen Ihnen als Vorgesetztem und Ihrem Mitarbeiter ist.

Hier wird erneut die Wichtigkeit der eigenen Klarheit deutlich. Erst wenn Ihnen selbst klar ist, was Sie von Ihrem Mitarbeiter wollen, können Sie dies auch vermitteln. Das sollte Ihnen vor einer Abmahnung stets klar sein.

3.5.5   Korrekturvereinbarung als Alternative zur Abmahnung

3.5.5.1   Die Korrekturvereinbarung: Das Mittel der Wahl

Im Umgang mit Low Performern und schwierigen Mitarbeitern hat sich in der Praxis ein arbeitsrechtliches Werkzeug besonders bewährt: Die sogenannte **Korrekturvereinbarung**.

3.5.5.1.1   *Basics und Vorteile einer Korrekturvereinbarung*

Die Korrekturvereinbarung ist eine verbindliche gemeinsame Absprache zwischen den Arbeitsvertragsparteien und damit die Alternative zu einer klassischen *einseitigen Abmahnung*. Eine Korrekturvereinbarung ist eine vertragliche Vereinbarung zwischen Arbeitgeber und Arbeitnehmer, welche die Anpassung des Verhaltens des Arbeitnehmers zum Inhalt hat[2]

---

[2] Die erstmalig in dem Aufsatz von Wetzling und Habel 2011, S. 654 ff. erwähnte und sodann durch Hoffmann-Remy in dem Buch „Die Korrekturvereinbarung" aufgegriffene Korrekturvereinbarung wird ausführlich behandelt bei Croset und Dobler (2012), S. 51 ff.

Arbeitgeber und Arbeitnehmer ...

* dokumentieren einen gewissen Sachverhalt, aus dem sich die Pflichtverletzung des Arbeitnehmers ergibt;
* halten fest, dass in diesem Sachverhalt eine Pflichtverletzung des Arbeitnehmers liegt;
* legen gemeinsam das in Zukunft zu erreichende vertragsgemäße Alternativverhalten fest;
* vereinbaren ggf. konkrete Maßnahmen zur Umsetzung und Erreichung dieses Ziels
* und vereinbaren konkrete Konsequenzen bis hin zu Sanktionen, für den Fall, dass der Arbeitnehmer die vereinbarten Ziele nicht erreicht.

Eine Korrekturvereinbarung bietet gegenüber der klassischen Abmahnung den Vorteil, dass der Arbeitnehmer nicht einseitig und in einer demotivierenden, strafenden Form angesprochen, sondern in die Problemlösung aktiv eigebunden wird. **Gerade bei Low Performern** wird dadurch der Schwerpunkt auf die gemeinsame Feststellung gelegt, dass eine quantitative und/oder qualitative Verbesserung der Arbeitsergebnisse erforderlich ist. Der Arbeitnehmer wird aktiv in den Prozess der Veränderung und Verbesserung einbezogen und übernimmt Verantwortung für seine eigene Leistung. Letzteres ist für den durchschnittlichen Arbeitnehmer selbstverständlich, bei Low Performern hingegen häufig Ursache der festgestellten Defizite.

Ähnliche Vorteile bietet die Korrekturvereinbarung auch gegenüber **schwierigen Mitarbeitern**: Der Arbeitnehmer trägt die Feststellung, dass eine Verhaltensanpassung erfolgen muss, mit. Er übernimmt Verantwortung für sein Verhalten in Vergangenheit und Zukunft. Damit wirkt er aktiv an der Beseitigung der Ursachen der bis dato festgestellten Defizite mit.

Gerade bei Low Performern und schwierigen Mitarbeitern bietet die Korrekturvereinbarung erhebliche arbeitspsychologische und arbeitsrechtliche Vorteile gegenüber der klassischen Abmahnung.

3.5.5.1.2 Inhalt einer Korrekturvereinbarung

Eine Korrekturvereinbarung muss die drei Funktionen der Abmahnung (Dokumentations-, Hinweis- und Warnfunktion) widerspiegeln.

Dokumentation des Sachverhaltes
Genaue Beschreibung des konkret beanstandeten Verhaltens. Bei Low Performern ist dies die Fehlerquote oder Untererfüllung, bei schwierigen Mitarbeitern das Verhalten in einer bestimmten Situation.

Eingeständnis der Pflichtverletzung
Gemeinsame Feststellung, dass in dem geschilderten Sachverhalt eine Pflichtverletzung des Arbeitnehmers liegt. Optional kann hier eine Erklärung des Arbeitnehmers aufgenommen werden, aus welcher sich der Grund für sein Verhalten ergibt – jedoch verbunden mit der Klarstellung, dass dies keine Entschuldigung für das Verhalten des Arbeitnehmers darstellt und die Pflichtverletzung nicht entfallen lässt.

Versprechen für die Zukunft
Die Parteien legen den in Zukunft zu erreichenden Soll-Zustand fest, nämlich welches Verhalten von dem Arbeitnehmer in Zukunft erwartet wird. Bei Low Performern ist dies die Besserung der quantitativen oder qualitativen Leistungskennziffern, bei schwierigen Mitarbeitern das Unterlassen bestimmter Verhaltensweisen.

Vereinbarung konkreter Maßnahmen
Parallel dazu legen die Parteien gemeinsam *konkrete Maßnahmen* zur Erreichung dieses Soll-Zustandes fest. Bei schwierigen Mitarbeitern kommt insbesondere der Besuch einer Schulung oder eines Coachings in Betracht, bei Low Performern zusätzlich z. B. die Einhaltung bestimmter Arbeitsmethoden sowie das Vermeiden bestimmter Ablenkungen.

Vereinbarung konkreter Konsequenzen/Sanktionen
Die Parteien legen die Konsequenzen bzw. Sanktionen für den Fall fest, dass der Arbeitnehmer die vereinbarten Ziele nicht erreicht bzw. gegen

die Korrekturvereinbarung verstößt. Bei Low Performern ist dies z. B. eine Lohnkürzung oder eine Versetzung, bei schwierigen Mitarbeitern ist dies z. B. der Entzug der Zeichnungsbefugnis oder der Ausschluss aus einem Projekt. Alle Vereinbarungen müssen den Grundsätzen der Verhältnismäßigkeit und Billigkeit entsprechen! Bei beiden Gruppen kann im Extremfall die Kündigung des Arbeitsverhältnisses aufgenommen werden, wobei die rechtlichen Anforderungen extrem hoch sind[3]

> **Übersicht**
>
> Da die Korrekturvereinbarung vom Arbeitnehmer einvernehmlich mitgestaltet und unterschrieben wird,
>
> - kann er später (z. B. im Rahmen eines Kündigungsschutzprozesses) nicht erfolgreich leugnen, dass sich der dokumentierte Sachverhalt ereignet hat,
> - kann er später nicht erfolgreich einwenden, sein Handeln sei nicht als Verstoß zu werten gewesen,
> - kann der Arbeitgeber Maßnahmen wirksam vereinbaren, die einseitig nicht wirksam umsetzbar gewesen wären,
> - kann der Arbeitgeber Konsequenzen und Sanktionen wirksam vereinbaren, die ansonsten einseitig nicht wirksam umsetzbar gewesen wären,
> - fühlt der Arbeitnehmer sich stärker an seine „Zusage" gebunden, mit dem arbeitspsychologisch nachweisbaren Effekt, dass die Wahrscheinlichkeit der Fortsetzung eines deutlich verbesserten Arbeitsverhältnisses steigt.

3.5.5.1.3 *Scheitern der Korrekturvereinbarung*

Erbringt der Low Performer die vertraglich zugesagte Verbesserung der quantitativen oder qualitativen Leistungskennziffern, so kann der Arbeitgeber das Arbeitsverhältnis (einigermaßen) erfolgreich fortzusetzen. Das gleiche gilt, wenn der ehemals schwierige Mitarbeiter die in der Korrekturvereinbarung benannten toxischen Verhaltensweisen unterlässt. In diesen Fällen hat die Korrekturvereinbarung gefruchtet.

---

[3] Einzelheiten bei Croset und Dobler (2012), S. 60.

Ergibt sich keine ausreichende Verbesserung, so eröffnet die Korrekturvereinbarung dem Arbeitgeber die Möglichkeit, die darin vereinbarten inhaltlichen Konsequenzen und Sanktionen einzuleiten. Bei weiteren
Verstößen kommen Abmahnung und Kündigung in Betracht. Die ge-
schlossene Korrekturvereinbarung hat dabei die Wirkung einer Abmahnung, wenn sie formal fehlerfrei erstellt wurde.

3.5.5.1.4 Muster einer Korrekturvereinbarung mit einem Low Performer

Zur erfolgreichen Fortsetzung ihres Arbeitsverhältnisses schließen die
Parteien die folgende Korrekturvereinbarung:

Die Parteien haben heute gemeinsam den folgenden Sachstand festgestellt. Der Arbeitnehmer Jonas Berg ist seit dem 01.02.2017 in der
Abteilung Verpackung und Versendung eingesetzt. Seine Aufgabe besteht
darin, die von den Kunden bestellten Produkte aus dem Lager zu holen,
in einen geeigneten Versandkarton zu legen und diesen versandfertig zu
machen. Die Parteien haben heute gemeinsam die Arbeitsergebnisse der
letzten 6 Monate ausgewertet. Dabei ergab sich das in Tab. 3.1 darge-
stellte Bild.

Herr Berg hat damit in den letzten 6 Monaten durchschnittlich zwischen 55,63 und 62,78 % weniger Versandeinheiten pro Stunde erledigt
als seine Kollegen in der Abteilung. Die Kollegen haben exakt dieselben
Arbeitsinhalte wie Herr Berg, weichen in ihrer Leistung jedoch durchgehend weniger als - 15 % vom Abteilungsdurchschnitt ab. Auch in den
12 Monaten davor hatte Herr Berg weniger Versandeinheiten pro Stunde
erledigt als seine Kollegen, lag jedoch nur zwischen 18,48 und 26,48 %
unter dem Abteilungsdurchschnitt. In den letzten Wochen haben sich 4
Kollegen beim Abteilungsleiter darüber beschwert, dass sie zusätzliche
Arbeiten übernehmen mussten, welche Herr Berg bis Schichtende nicht
geschafft hatte.

Herr Berg nimmt zur Kenntnis, dass seine Leistung in den letzten 6
Monaten drastisch unter dem Abteilungsdurchschnitt lag. Er erklärt dies
damit, dass er vor etwa 8 Monaten ein neues Mobiltelefon erhalten hat,
auf dem die Apps Facebook und Instagram vorinstalliert waren. Daher

Tab. 3.1 Beispielhafte Auswertung

	Jonas Berg	Abteilungsdurchschnitt	
Versandeinheiten pro Stunde: März 2019	6,23	16,11	-61,33 %
Versandeinheiten pro Stunde: April 2019	6,34	15,69	-59,56 %
Versandeinheiten pro Stunde: Mai 2019	5,97	15,13	-57,75 %
Versandeinheiten pro Stunde: Juni 2019	6,38	15,99	-60,08 %
Versandeinheiten pro Stunde: Juli 2019	6,86	15,46	-55,63 %
Versandeinheiten pro Stunde: August 2019	5,96	16,02	-62,78 %

erhielt er nunmehr auch während der Arbeit regelmäßig die Nachricht, dass auf seinen Accounts neue Nachrichten eingegangen seien. Daraufhin habe er – nach eigener Einschätzung: gelegentlich – den aktuellen Stand der Nachrichten geprüft, Nachrichten gelesen und auch selbst unmittelbar Kommentare veröffentlicht („gepostet"). Erst durch kritische Gespräche mit Kollegen sei ihm jetzt bewusst geworden, wie stark er hierdurch abgelenkt gewesen sei. Er habe zuvor nicht realisiert, dass er faktisch durchgehend mit social media auf seinem Mobiltelefon beschäftigt gewesen sei. Herr Berg geht davon aus, dass sein Leistungsabfall in den letzten 6 Monaten auf seine Nutzung von social media auf seinem Mobiltelefon während der Arbeitszeit zurückzuführen ist.

Die Parteien sind sich einig, dass Herrn Bergs Arbeitsergebnis der letzten sechs Monate absolut inakzeptabel ist. Als Arbeitnehmer ist er verpflichtet, sich während der Arbeitszeit voll auf seine arbeitsvertraglich geschuldete Tätigkeit zu konzentrieren. Die Nutzung von social media zu privaten Zwecken ist während der Arbeitszeit nicht erlaubt.

Die Parteien vereinbaren, dass Herr Berg dafür Sorge tragen wird, dass sich seine Leistung in Zukunft deutlich verbessert. Konkret wird Herr Berg anstreben, dass sein Arbeitsergebnis dem Abteilungsdurchschnitt entspricht, jedenfalls aber nicht um mehr als −20 % vom Abteilungsdurchschnitt abweicht.

Für das gemeinsame Ziel der weiteren, erfolgreichen Zusammenarbeit ist eine Verbesserung der Arbeitsergebnisse unerlässlich. Daher vereinbaren die Parteien folgende Maßnahmen:

- Um auszuschließen, dass er sich durch die passive und/oder aktive Nutzung von social media ablenken lässt, trifft Herr Berg heute freiwillig die Entscheidung, die Apps Facebook und Instagram auf seinem Mobiltelefon zu deinstallieren.
- Sollte Herr Berg sich entscheiden, diese oder vergleichbare Apps zu reaktivieren, wird Herr Berg sein Mobiltelefon während der Arbeitszeit durchgehend in den sogenannten „Flugmodus" versetzen.
- Herr Berg wird bis 01.12.2019 vorsorglich Kap. 7 des Qualitätshandbuches „Effizientes Verpacken & Versenden", welches ihm heute nochmals übergeben wurde, intensiv lesen.
- Herr Berg wird ab Januar 2020 jeweils am ersten Dienstag eines Monats mit seinem Vorgesetzten seine Arbeitsergebnisse des Vormonats auswerten und mit dem Abteilungsdurchschnitt vergleichen. So erhalten alle Beteiligten Klarheit über die aktuelle Situation.

Diese Korrekturvereinbarung stellt eine Chance für Herrn Berg dar, sich zu bewähren, seine Leistungen zu verbessern und verloren gegangenes Vertrauen wiederherzustellen. Verstößt er allerdings gegen diese Korrekturvereinbarung, gelingt es ihm insbesondere nicht, seine Arbeitsergebnisse deutlich zu verbessern, so ist der Bestand seines Arbeitsverhältnisses gefährdet. Er muss mit einer Kündigung seines Arbeitsverhältnisses rechnen.

Arbeitsrechtliche Hinweise
In der täglichen Beratungspraxis für Unternehmen taucht dieser Fall – mit leichten Abwandlungen – regelmäßig auf. Dabei gehen Arbeitgeber in derartigen Fallkonstellationen von einem vermeintlich klaren Kündigungsgrund aus. Angesichts der aus der Tabelle hervorgehenden offensichtlichen (d. h. statistisch belegten) sowie schwerwiegenden (über 50 %!) Minderleistung, ziehen Arbeitgeber den verhängnisvollen Schluss, der anstehende Kündigungsschutzprozess sei so gut wie gewonnen. Tatsächlich ist in dieser Konstellation das Gegenteil der Fall: Ohne vorherige

Abmahnung ist vielmehr so gut wie sicher, dass das Arbeitsgericht für den Arbeitnehmer entscheiden wird. Selbst eine Abmahnung wegen Minderleistung ist in dieser Situation kaum wirksam zu formulieren. Aussichtsreich wäre allein der Ausspruch einer Abmahnung wegen privater Internetnutzung während der Arbeitszeit.[4] Dazu müsste der Arbeitgeber indes genau benennen können, an welchem Tag und zu welcher Zeit exakt der Arbeitnehmer konkrete Verstöße begangen hat. Dies ist ihm in aller Regel nicht bekannt oder nicht belegbar.

In derartigen Konstellationen bietet die Korrekturvereinbarung den unschätzbaren Vorteil, dass der Arbeitnehmer durch seine Mitwirkung den Sachverhalt eingesteht und an der Behebung aktiv teilnimmt. Zudem kann die Korrekturvereinbarung Maßnahmen vorsehen, die der Arbeitgeber nicht einseitig anordnen könnte: Vorgaben hinsichtlich der Deinstallation von Apps auf dem privaten Mobiltelefon würden in unhaltbarer Weise in den privaten Lebensbereich des Arbeitnehmers eingreifen. Eine einvernehmliche Vereinbarung ist hingegen zulässig.

Allerdings sollte die Selbstverpflichtung des Arbeitnehmers zu einem bestimmten Arbeitsergebnis (z. B. Abweichung maximal -20 % vom Abteilungsdurchschnitt) in rechtlicher Hinsicht nicht überbewertet werden. Sie wird damit nicht zum verbindlich geschuldeten Inhalt des Arbeitsvertrages mit der Folge, dass bei Fortbestehen der Minderleistung automatisch eine wirksame Kündigung ausgesprochen werden könnte. Vielmehr müsste dann sorgfältig geprüft werden, welche neue Eskalationsstufe eingeleitet wird. Dementsprechend empfiehlt es sich, konkrete Termine zur Evaluation der (erhofften) Verbesserung der Arbeitsleistung verbindlich zu vereinbaren und sodann durchzuführen.

3.5.6 Veränderung durch Coaching

Zur Unterstützung einer Verhaltensänderung kann ein Vorgesetzter seinem Mitarbeiter anbieten, ihn durch einen Experten coachen zu lassen.

---

[4]Vgl. hierzu das Muster bei Croset und Dobler (2012), S. 114 und S. 116.

Führungskräfte fragen sich allerdings zu Recht, was ein Coaching bringen soll. Die weitläufige Befürchtung ist, dass beim Coaching ein wenig Plauderei bezahlt werden soll. Vielen Führungskräften ist es noch suspekt, ihre Mitarbeiter zu einem Coaching zu senden. Insbesondere dann, wenn es sich um jenen Mitarbeiter handelt, mit dem man ja eh schon die ganzen Zeit Ärger hatte. Die Vorstellung, in diesen Mitarbeiter erneut Zeit und Geld zu investieren, ist für viele Führungskräfte sehr befremdlich. Doch der Mitarbeiter kostet so oder so Geld. Und wenn es günstiger ist, einen Schlechtleister weiterhin zu demotivieren und wenig bis keine nutzbare Leistung von diesem zu empfangen, kann man genau so weiter machen wie bisher. Nur wäre dann das Jammern unangebracht oder gar heuchlerisch.

Unsere Erfahrung zeigt, dass es sich in 9 von 10 Fällen lohnt, ein Coaching zu versuchen. 6 von diesen 9 Coachingfällen schaffen es tatsächlich, ihr Verhalten im Anschluss so zu ändern, dass wieder Leistung geliefert wird, die auch nützlich für das Unternehmen ist. Oder aber das Coaching bewirkt, dass sich der Mitarbeiter selbst einen neuen Job sucht.

Die Frage, was Coaching ist, wird unter Coachs heftig diskutiert. Es gibt zahlreiche Definitionen, unter ihnen auch solche, die problemlos das *Was* mit dem *Wie* verbinden. Einige behaupten, Coaching sei beratend, andere schließen dies explizit aus und sprechen lediglich von Begleitung. Die Diskussion darüber ist ebenso ermüdend wie entbehrlich, denn der Grund, weshalb ein Mensch zu einem Coaching kommt, liegt nach Dobler und Hoffmann (2015) im Wunsch, etwas zu verändern: Etwas, das zu viel ist oder zu wenig vorhanden ist, soll mit Hilfe eines Coachings angepasst/korrigiert werden. Wir können hier lediglich ansatzweise einige relevante Aspekte beleuchten, um den Rahmen des Buches nicht zu sprengen, denn Coaching ist ein sehr komplexes Thema.

Um diese Veränderung (Anpassung) überhaupt vornehmen zu können, bedarf es nach Dobler und Hoffmann (2015) Voraussetzungen, wie z. B. die Freiwilligkeit des Coachees und das Vertrauen in den Coach seitens des Coachees. Darüber hinaus ist jede Coachingmaßnahme stets zeitlich begrenzt. Sie benötigt ein klares Ziel (nach MMT, also MACHBAR-MESSBAR-TERMINIERT), einen veränderungsbereiten Coachee und ein Umfeld, das den Coachee auch unterstützt. Ebenso relevant für den Erfolg ist natürlich der Coach selbst. Dieser sollte, nach unserer Erfahrung, über einen umfangreichen Methodenkoffer und in jedem Fall eine psychologisch fundierte Ausbildung verfügen. Darüber hinaus ist es sicher nicht schädlich, wenn sich der Coach in dem Gebiet, das er anbietet, auch tatsächlich auskennt. Man stelle sich einmal ein Führungskräftecoach vor, der selbst noch nie geführt hat. Das wäre wie ein Schwimmlehrer, der selbst noch nie im Wasser war.

Jede Veränderung durchläuft nach Dobler und Hoffmann (2015) jeweils folgende vier Phasen:

1. Die erste Phase ist die Phase der Erkenntnis. Hier geht es darum, zu erkennen, was „wirklich ist". Das, was „wirklich ist", hängt zunächst von der Wahrnehmung des Coachees ab und von seinem Umfeld. Es geht hierbei nicht um „Wahrheit", sondern um Erkenntnisgewinn. Dieser kann darin bestehen, das eigentliche Problem zu erkennen oder dessen Ursache oder die Erkenntnis kann darin bestehen, bewusst zu werden, was der Coachee wirklich will und was nicht. Auch mögliche Lösungsoptionen werden in dieser Phase erarbeitet. Im Fall eines „schwierigen Mitarbeiters" könnte die Erkenntnis auch darin bestehen, zu erfahren, womit er oder sie bei anderen Kollegen immer wieder aneckt, und welche Verhaltensmuster in bestimmten Situationen beginnen bei Kollegen und dem Coachee ihre Wirkung zu entfalten.

2. In der zweiten Phase muss der Coachee das, was er erkannt hat, auch akzeptieren. Viele Menschen können oder wollen Probleme, Ursachen oder Lösungsansätze nicht akzeptieren, sei es, weil sie nicht in das Wertesystem oder allgemein in das aktuelle Weltbild passen. Befindet sich der Coachee in dieser Phase, geht es darum, dass er beginnt zu akzeptieren, was er erkannt hat. Hier kann der Coach die nötige Unterstützung geben. Dies ist eine große Herausforderung, denn mögliche Ängste vor Akzeptanzverlust, Scham oder Bestürzung sind stets große Gegner einer jeden Veränderung.

3. In der Phase 3 geht es um die Frage, ob das, was erkannt wurde, auch verändert werden oder ob der Status Quo so belassen werden soll. In sogenannten „Entscheidungscoachings" geht es also darum, den Coachee in seiner Entscheidungsfindung zu unterstützen. Im Falle eines Low Performers oder schwierigen Mitarbeiters könnte die Frage im Raum stehen, das Unternehmen zu verlassen oder sich

den neuen Forderungen zu stellen, mit all den daraus resultierenden Konsequenzen.

4. In der letzten Phase geht es darum, die Veränderung umzusetzen bzw. darum, wie die Veränderung umgesetzt werden kann. In vielen Fällen wollen Coachees, wissen jedoch nicht wie und wann sie die Veränderung angehen sollen. In dieser Phase kann der Coach zusammen mit dem Coachee die passenden Strategien erarbeiten und ihm, sofern das dazu notwendige Verständnis vorhanden ist, auch die nötigen Konzepte und Instrumente vermitteln. So könnte ein Coachee z. B. vor dem Problem stehen, das Gespräch mit seinem Vorgesetzten endlich führen zu wollen, jedoch nicht zu wissen, wann der richtige Zeitpunkt ist und wie er das Gespräch aufbauen soll.

Abb. 3.15 fasst die 4 Phasen nach Dobler und Hoffmann (2015) noch einmal zusammen.

Coaching kann keine Persönlichkeit verändern, und das soll es auch nicht. Verändern lässt sich bei einem Menschen wohl aber dessen Einstellung, dessen Motivation und dessen Fähigkeiten.

Coaching ist ein sehr komplexes Thema und demnach sehr umfangreich. Für ein besseres Verständnis ist in Abb. 3.16 ein Zitat von Markus Dobler abgedruckt.

Als letzte Entscheidungs-Option steht immer auch das Thema „Verlassen" im Raum. Mit dieser Option etabliert sich in einem Coaching auch immer die Frage: Bleiben oder Gehen. In einem Coaching muss sich der Coachee auch immer entscheiden, ob er im Unternehmen bleiben oder kündigen möchte. Doch wenn sich der Coachee für die Option Bleiben entscheidet, entscheidet er sich auch für das Einhalten der Regeln des Unternehmens!

Nicht bei allen Problemen im Unternehmen ist ein Coaching nötig. Fehlt es an Wissen, kann eine Teilnahme an einschlägigen Vorträgen und Seminaren ausreichend sein. Je nach Adaptionsfähigkeit eines Teilnehmers können hier notwendige Fertigkeiten erworben werden. Doch in den meisten Vorträgen und Seminaren sitzen die Mitarbeiter von Unternehmen nicht nur kostenlos, sondern viele leider auch umsonst.

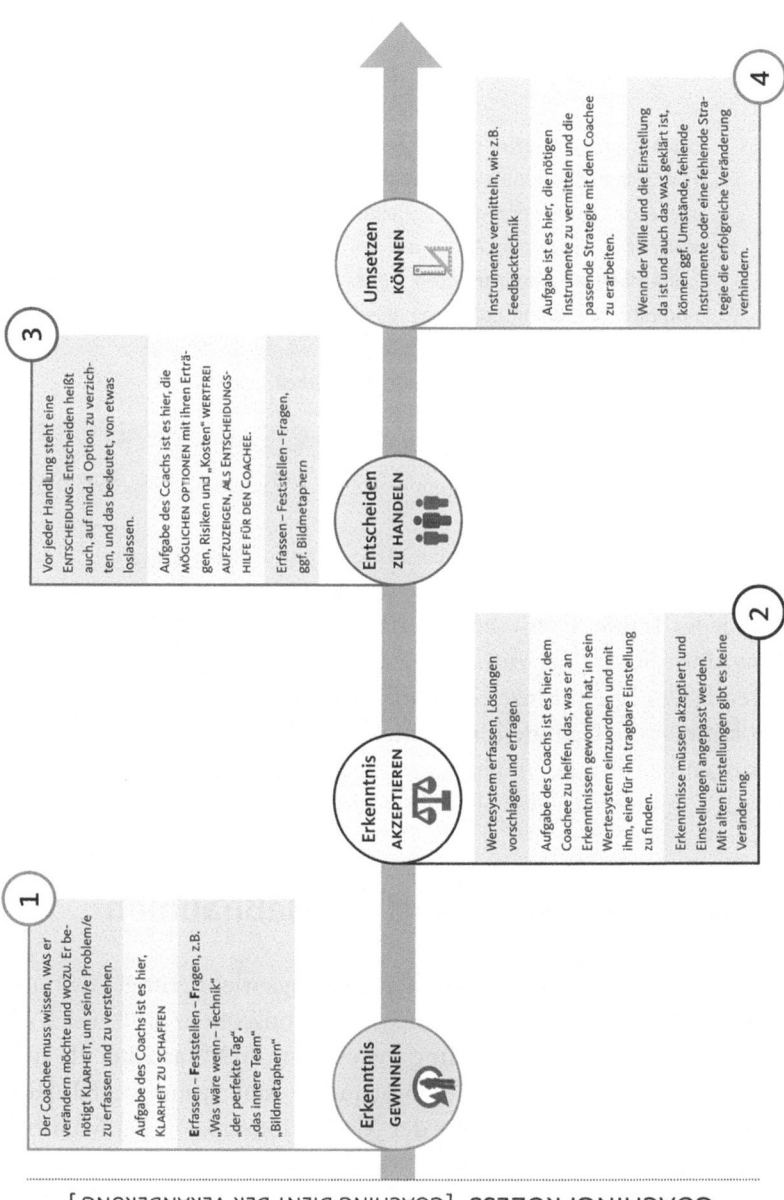

Abb. 3.15 4 Phasen der Veränderung. © Dobler 2019. All Rights Reserved

COACHINGPROZESS [COACHING DIENT DER VERÄNDERUNG]

Erkenntnis GEWINNEN ①

Der Coachee muss wissen, WAS er verändern möchte und WOZU. Er benötigt KLARHEIT, um sein/e Problem/e zu erfassen und zu verstehen.

Aufgabe des Coachs ist es hier, KLARHEIT ZU SCHAFFEN

Erfassen – Feststellen – **Fragen**, z.B. „Was wäre wenn – Technik". „der perfekte Tag". „das innere Team" „Bildmetaphern"

Erkenntnis AKZEPTIEREN ②

Wertesystem erfassen, Lösungen vorschlagen und erfragen

Aufgabe des Coachs ist es hier, dem Coachee zu helfen, das, was er an Erkenntnissen gewonnen hat, in sein Wertesystem einzuordnen und mit ihm, eine für ihn tragbare Einstellung zu finden.

Erkenntnisse müssen akzeptiert und Einstellungen angepasst werden. Mit alten Einstellungen gibt es keine Veränderung.

Entscheiden ZU HANDELN ③

Vor jeder Handlung steht eine ENTSCHEIDUNG. Entscheiden heißt auch, auf mind. 1 Option zu verzichten, und das bedeutet, von etwas loslassen.

Aufgabe des Coachs ist es hier, die MÖGLICHEN OPTIONEN mit ihren Erträgen, Risiken und „Kosten" WERTFREI AUFZUZEIGEN, ALS ENTSCHEIDUNGS-HILFE FÜR DEN COACHEE.

Erfassen – Feststellen – Fragen, ggf. Bildmetaphern

Umsetzen KÖNNEN ④

Instrumente vermitteln, wie z.B. Feedbacktechnik

Aufgabe ist es hier, die nötigen Instrumente zu vermitteln und die passende Strategie mit dem Coachee zu erarbeiten.

Wenn der Wille und die Einstellung da ist und auch das was geklärt ist, können ggf. Umstände, fehlende Instrumente oder eine fehlende Strategie die erfolgreiche Veränderung verhindern.

Stamm und Wurzeln sind nicht veränderbar. Verändern
lässt sich aber die Ausrichtung der Äste, die symbolhaft für
die Ausprägung einzelner Verhaltensmuster stehen. Um
nun einen einzelnen Ast – ein bestimmtes Verhalten –
dauerhaft neu auszurichten, muss dieser für eine bestimmte Zeit unter Spannung gesetzt werden. Lässt der
Coachee seinen Ast zu früh los, rückt er wieder in die alte
Position. Biegt der Coachee ihn zu schnell und zu fest,
bricht er. Erst nach einer gewissen Zeit und unter dem
richtigen Druck ändert der Ast seine Richtung dauerhaft.

Abb. 3.16 Zitat (Dobler 2019) © Dobler 2019. All Rights Reserved

Nicht jeder Trainer ist für jeden Mitarbeiter geeignet. Die Art der Vermittlung und die Art der Aufnahme müssen zueinander passen. In bestimmten Fällen ist ein Einzelcoaching die beste Wahl.

Hier können die Gründe für die mangelhafte Fähigkeit, Erlerntes gewinnbringend anzuwenden, gemeinsam gefunden und beseitigt werden.

Abb. 3.17 gibt einen Überblick über die Optionen.

3.6 Resümee der möglichen Maßnahmen

Durch die Vorgehensweise mit Klarheit, Lösungsorientierung, Achtsamkeit und Respekt und der nötigen Anpassungskonsequenz erhöht sich die
Chance auf eine erfolgreiche Lösung sowohl für die Mitarbeiter als auch
für die Führungskraft enorm. Die konsequente Einhaltung des KLARA-
Prinzips reduziert auch die Gefahr der Motivationserosion bei Mitarbeitern erheblich.

Doch die Implementierung des KLARA-Prinzips ist im Alltag sehr
schwer. Nicht immer gelingt es Führungskräften, die fünf Erfolgsfaktoren

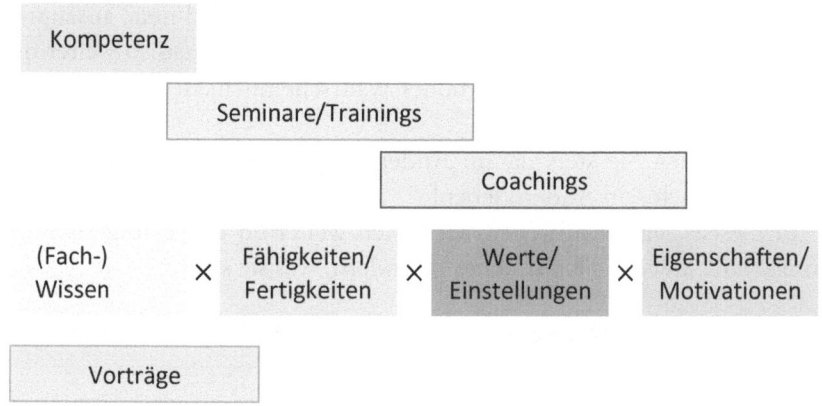

Abb. 3.17 „Baustellen" und entsprechende Schulungsmaßnahmen. © Dobler 2019. All Rights Reserved

durchgehend anzuwenden. Das ist zutiefst menschlich und normal. Der regelmäßigen Reflexion des KLARA-Prinzips kommt dadurch eine entscheidende Bedeutung zu. Die Führungskraft sollte sich mindestens einmal die Woche die Frage stellen, inwieweit sie sich und KLARA treu geblieben ist. Die kontinuierliche Verbesserung des eigenen Führungsverhaltens in allen fünf Führungsfaktoren ist die Voraussetzung dafür, dass der Aufwand und damit die Effizienz in der eigenen Führung massiv reduziert wird.

Allein dafür lohnt es sich also, sich an diesem Prinzip zu orientieren und sich diesbezüglich ernsthaft zu verbessern.

Nachwort
Die Themen Minderleister, Schlechtleister und „schwierige Mitarbeiter" lassen sich nicht innerhalb eines Buches erschöpfend behandeln. Zu groß ist die Individualität, zu groß ist die Komplexität.

Doch vielleicht konnten wir Ihnen mit einer anderen Sichtweise und unseren Erfahrungen den einen oder anderen Impuls mitgeben. Es ist die Änderung der Sicht, die jeden Veränderungsprozess initiiert.

Vielleicht haben Sie sogar die eine oder andere Methodik oder das eine oder andere Instrument für sich entdeckt, und Sie haben Lust und den Mut dazu, diese Methode einmal zu testen.

Ja, es erfordert Mut, bekannte Wege zu verlassen und neue auszuprobieren. Doch was haben Sie zu verlieren? Wenn Sie genau so weitermachen wie bisher, werden Sie mit hoher Wahrscheinlichkeit auch dieselben Resultate wie bisher erreichen.

Und denken Sie stets daran: Ändern allein reicht nicht, denn man muss stets auch sein Ändern leben!

In diesem Sinne wünschen wir Ihnen weiterhin viel Erfolg als Führungskraft, sowie die Kraft, jenes zu ändern, was sie stört.

Ihr Dr. Markus Dobler und Pascal Croset

Literatur

Croset, P., & Dobler, M. (2012/2018). *Die rechtssichere Abmahnung: Ein Leitfaden für Personalabteilung und Geschäftsführung.* Wiesbaden: Gabler/Springer.

Dobler, M. (2012). *Führungskräfte-Eignung: Weshalb so viele Führungskräfte im Alltag versagen und woran man Führungspotential erkennen kann. Hinweise für das Bewerbungsgespräch und den beruflichen Alltag.* Leipzig: KaDo.

Dobler, M. (2019). *Umgang mit unfähigen und schwierigen Chefs. Ein kleiner Überblick und grober Leitfaden für Mitarbeiter, die unter ihren Führungskräften leiden.* Leipzig: KaDo.

Dobler, M., & Hoffmann, J. (2015). *Coaching im Überblick. Ein kurzer Leitfaden zum Thema Coaching.* Leipzig: KaDo.

Steiner, A. D. (2012). *Die 7 Wege des Samurai. Management und Führung mit fernöstlichen Prinzipien.* Weinheim: Wiley-VCH.

Wetzling, F., & Habel, M. (2011). Die Abmahnung – arbeitsrechtlich und personalführungstechnisch aktuelle Aspekte. *BetriebsBerater, 66*(17), 1077.

Ein weiteres Buch der Autoren

Rund 70 % aller Abmahnungen sind arbeitsrechtlich unwirksam und arbeitspsychologisch kontraproduktiv. Dieses Werk dient als praktische Hilfe für den Alltag von HR-Managern und Personalverantwortlichen und erläutert unter anderem die Anforderungen an wirksame Abmahnungen und Kündigungen und gibt arbeitspsychologische Hinweise für Abmahnungsgespräche.

© Springer Fachmedien Wiesbaden GmbH, ein Teil von Springer Nature 2020 **151**
M. Dobler, P. Croset, *Low Performer und schwierige Mitarbeiter erfolgreich führen*,
https://doi.org/10.1007/978-3-658-28863-1

The manufacturer's authorised representative in the EU is Springer
Nature Customer Service Centre GmbH, Europaplatz 3, 69115 Heidelberg,
Germany. If you have any concerns regarding our products, please
contact ProductSafety@springernature.com

Printed and bound by CPI Group (UK) Ltd, Croydon, CR0 4YY
28/04/2026
02098481-0010